ANTÓN TERUEL

INTELIGENCIA EMOCIONAL PARA TODOS

Antón Teruel

Inteligencia emocional para todos

PARA TODOS

EL PODER DEL AUTOCONOCIMIENTO

Quarzo

Inteligencia emocional para todos
© Antón Teruel, 2004

Quarzo

D. R. © Editorial Lectorum, S. A. de C. V., 2004
Centeno 79-A, col. Granjas Esmeralda
C. P. 09810, México, D. F.
Tel. 5581 3202
www.lectorum.com.mx
ventas@lectorum.com.mx

L. D. Books Inc.
Miami, Florida
sales@ldbooks.com

Lectorum, S. A.
Buenos Aires, Argentina
ventas@lectorum-ugerman.com.ar

Cuarta reimpresión: octubre de 2009
ISBN: 970-732-057-5

Impreso y encuadernado en México.
Printed and bound in Mexico.

A mi padre.
Donde quiera que te encuentres:
gracias, sabio maestro, que supiste
enseñarme tantas cosas sin palabras.

A Mary Nieves:
Mi muy amada,
¡qué gusto habernos encontrado!
Sigamos juntos hasta fundirnos
en un solo corazón.

ÍNDICE

Introducción

Siempre me ha gustado observar a las personas: su forma de pensar, hablar, actuar, reaccionar ante la adversidad y gozar la vida. Poco a poco me he ido convenciendo de que el ser humano pertenece a una casta de guerreros. Éste es un mundo que pone a prueba todas nuestras capacidades y, aunque a veces hay situaciones que nos hieren en lo más profundo, se nota que dentro de cada uno de nosotros hay una fuerza que nos hace casi invencibles. Así es como yo percibo a la generalidad del ser humano; sin embargo, es evidente que la humanidad de hoy en día afronta momentos difíciles.

Nuestras sociedades, los sistemas de competencia que nos ponen a unos contra otros, el convivir siendo rivales, la lucha del ser humano contra sí mismo: todo esto es lo que más daña nuestra naturaleza humana. Aún veo muy lejana la posibilidad de que se desarrolle la conciencia de unidad en este mundo y, sin embargo, considero que es algo vital para conservar nuestra especie. Con esto quiero decir que tenemos en nuestras propias manos el futuro de esta humanidad. ¡Espero que seamos capaces de comprender lo que esto significa!

Si los seres humanos queremos alcanzar una armonía entre nosotros, lo primero que debemos hacer es que cada uno se preocupe por su propio desarrollo. Claro que me estoy refiriendo a un desarrollo interno, a un crecimiento del hombre como ser humano. Tomemos en cuenta que nadie puede hacer el bien afuera, si no empieza por hacer el bien dentro de uno mismo. Es imposible crear sociedades armónicas si no tenemos paz interior y equilibrio en nuestra propia integridad. Cada uno de nosotros debe trabajar en sí mismo, para luego generar cambios positivos en el exterior.

Aquí hablaremos de las emociones más comunes, con las que todos lidiamos a diario, y pretendo que el lector se interese en sí mismo; que observe y descubra cómo es que funciona en su interior.

Me preocupa ver cómo los humanos somos presa de nuestras mentes. Creo que, en gran parte, el sufrimiento que vemos en el mundo es causado por la forma poco consciente en que utilizamos nuestra capacidad creadora. Con esto quiero decir que no nos hemos dado cuenta que, con los pensamientos y actos de cada día, estamos moldeando el presente y futuro de esta humanidad. Todo parece indicar que la humanidad se siente como si hubiera sido arrojada a un mundo de dolor y sufrimiento. Desde mi punto de vista, la realidad de este mundo la hemos creado nosotros mismos.

El ser humano parece no darse cuenta de que en su naturaleza hay algo más que mente y cuerpo. Vivimos, la mayoría, en una rutina que no deja tiempo para sentirse y vivirse a sí mismo. No nos damos la oportunidad de tener conciencia de uno mismo. Por lo general, no hay tiempo para reflexionar sobre estas cuestiones fundamentales: ¿Quiénes somos? ¿Qué hacemos aquí? ¿Hacia dónde vamos?

Cualquier actividad que uno realiza en la vida diaria debería implicar saber qué se está haciendo y por qué. Sin embargo, la actividad más importante, que es la vida misma, parece que no nos interesa. ¿Quién quiere indagar sobre ella? Yo creo que el ser humano aún no se ha dado cuenta que su espiritualidad es un asunto personal. Hoy en día, muchas de las personas que atienden un culto religioso lo hacen por costumbre, o porque se tiende a delegar las tareas que menos nos interesan. Por ello el ser humano no acaba de tomar en sus propias manos el desarrollo de su conciencia, y en muchas ocasiones se olvida de sí mismo o se deja manipular por cultos y tradiciones que le impiden crecer internamente.

En algunos casos, la relación que el ser humano tiene con su creador es realmente patética. Por ejemplo, hoy en día vemos que la oración se parece más a una transacción por medio de la cual pactamos con Dios: lo que estamos dispuestos a sacrificar, siempre y cuando él nos solucione nuestros problemas. El caso es que la mayoría de los que siguen una religión, la vive de una manera muy superficial, y la verdad es que la espiritualidad que se ve en estos tiempos está muy lejos de ser algo que complemente y realice al ser humano.

También los más apartados de todo credo parecen estar sufriendo verdaderas crisis de identidad. Las depresiones del ser humano constituyen señales de abatimiento de una humanidad que ha perdido el rumbo, y su existencia carece de un sentido trascendente.

En lo personal, creo que el ser humano debe rescatarse a sí mismo, darse cuenta que dentro de cada uno de nosotros existe la semilla de la realización total. Cuando digo *realización total* no me estoy refiriendo a algo que no pueda ser alcanzado por cualquiera, ni siquiera estoy pensando en proponerles la iluminación. Sólo quiero exponer una realidad que aún no todos han descubierto: tenemos la capacidad de alcanzar una paz interior que dé satisfacción y sentido a la existencia. Sólo que esto es posible siempre y cuando estemos dispuestos a ser poseedores de nuestra propia conciencia.

Conciencia, esa palabra que hoy en día se escucha tanto y a la que se dan tantos significados. Por definición, es conocimiento, noción. Así, al referirme a *ser poseedores de nuestra propia conciencia* quiero decir: tener conocimiento de uno mismo, el más claro y profundo que pueda uno tener respecto a sí mismo. Pero conciencia también se define como ese juez interior por el cual el ser humano aprecia sus acciones. En este texto no tomaré la conciencia como aquella parte racional y delimitadora que distingue y califica nuestros actos y los de los demás. Sin hacer menosprecio, no obstante, de esta función que en ocasiones es útil, pero que en otras es limitante y asfixiante por la facilidad de manipulación del medio al que cada uno pertenece.

Cuando haga referencia a la palabra conciencia, el lector deberá percatarse del alcance de su significado. La definición de conocimiento de uno mismo, aunque es acertada, la considero limitada. Por lo tanto, quiero ampliar el concepto refiriéndome a la conciencia como aquella vía que todos podemos utilizar y que yo percibo como ese sentimiento interior que nos une a lo trascendental, a lo divino, a nuestra esencia, a Dios.

Todos, por medio del conocimiento de uno mismo, podemos desarrollar la conciencia y así descubrir que somos mucho más que mente y cuerpo. Todos, creámoslo o no, somos seres espirituales viviendo una experiencia, y la conciencia es el conducto por el cual podemos llegar a lo más profundo de nuestro ser.

Conocerse a uno mismo es una tarea que tiene mucho sentido, ya que solamente así se alcanzarán y desarrollarán todos los recursos internos con los que cuenta el ser humano. Tener una mayor conciencia y sentirse identificado con la inmortalidad y trascendencia de nuestro propio ser contribuye a darse cuenta que aquello que vivimos diariamente no es un juego de azar. El ser humano es, en gran medida, el creador de su propia realidad y tiene en su interior los recursos necesarios para dar sentido y orden a su existencia, con lo cual puede alcanzar una sensación de paz y realización interior.

Para entender esta idea —la de ser creadores de nuestra propia realidad—, lo primero que debemos aceptar es que no somos tan dependientes de Dios como lo hemos imaginado siempre. Que el sufrimiento que tanto vemos en el mundo no es permitido ni enviado por algún Todopoderoso, sino más bien es el resultado, entre otras cosas, de la suma de los pensamientos y actos de la humanidad.

"Dios no juega a los dados"; con esta frase Albert Einstein expresó claramente que no somos dependientes de la suerte o del capricho de una criatura superior. Con esto no quiero desprenderme de la idea de la existencia de Dios, que en cualquiera de sus formas es totalmente aceptable. La creencia en Dios es compatible con esta obra. Pero mi intención es desligar la idea que se tiene con respecto al Dios que favorece o castiga o que requiere de intermediarios para ser alcanzado.

Es verdad que no es fácil comprender que uno mismo esté creando su propia realidad, sobre todo cuando nos enfrentamos al dolor y al sufrimiento que hay en el mundo. En esos momentos sentimos una enorme necesidad de que alguien nos rescate de esa experiencia. Es entonces cuando no nos creemos capaces de valernos de nosotros mismos y buscamos desesperadamente el auxilio de nuestro creador. A veces perdemos nuestra fe ante el llamado sin respuesta o misteriosamente la incrementamos, pero es, en esos momentos, cuando nos sentimos totalmente pequeños y no entendemos el porqué del sufrimiento. Tal vez esta sensación de pequeñez es una de las razones principales por las cuales el ser humano se aferra a un culto religioso; sin embargo, es necesario que toda persona avance en el conocimiento de sí mismo y para ello hay que esforzarse por averiguar qué somos y hacia dónde vamos.

Desgraciadamente, en este mundo no hay camino que se aparte del sufrimiento. La vida es una escuela que tiene, entre sus asignaturas, el dolor y el sufrimiento. El sentido de esta materia quizá sea abrir con premura la conciencia del ser humano. Es obvio que en los momentos de dolor, uno tiende a hacer un alto, ir hacia adentro, escapar de la rutina de nuestro mundo material. Así hacemos conciencia. Con esto quiero decir que nos disponemos a contactar con ese dios que creemos que nos está sacudiendo.

Tomar conciencia de uno mismo ayuda a afrontar los momentos de dolor, pero de ninguna manera garantiza apartar al ser humano de esa realidad. Por esta razón, no pretendo dar una fórmula contra el sufrimiento, pero sí mostrar la manera de entendernos un poco más y de abrir nuestra conciencia, lo cual seguramente nos dará un enfoque muy distinto con respecto a lo que es la adversidad.

Una de las cosas que uno modifica cuando va teniendo un mayor desarrollo de conciencia, es el punto de vista respecto al culto de un dios o el seguimiento de una religión. La diversidad de dioses y la creencia fiel de que el dios de uno es el auténtico, no es algo sano. Por el contrario, es una de las razones que más guerras, muertes y persecuciones ha causado en esta humanidad. En muchas ocasiones, la religión ha manipulado a sus seguidores con fines de dominio y expansión. Por desgracia, algunas religiones siguen protagonizando un intermediarismo entre Dios y el hombre. Sin embargo, los mensajes de los grandes maestros, como Buda y Jesús, siguen aún vigentes, y estoy seguro que pueden conducirnos al conocimiento de uno mismo y a la apertura de la conciencia.

En realidad tenemos mucho que aprender de estos hombres o dioses, según se les quiera ver. Ellos en su momento fueron audaces buscando primero su propio desarrollo, para luego dejar mensajes de libertad que desafiaron a los cultos existentes. Ellos se atrevieron a realizar una búsqueda interior, misma que, hoy en día, el ser humano requiere si desea desarrollarse más amplia y sanamente.

Buda decía: "el mundo es sufrimiento", y por eso buscó el desapego absoluto para encontrar la realización total. No puedo negar la grandeza y certeza de dicho maestro; sin embargo, por ahora no comparto su afán por el desapego. Buda abandonó a su familia, a su esposa e hijos, para más tarde ser un iluminado. ¡Qué pena que así haya alcanzado la realización total!, ya que ese ejemplo está muy lejos de lo que la mayoría de nosotros estamos dispuestos a hacer por alcanzar la iluminación. Esto me hace pensar que casi todos los seres humanos no tienen entre sus planes el llegar a la iluminación; primero, porque suena muy aburrido y, segundo, porque, ¿quién está dispuesto a abandonar todo por algo que ni siquiera entiende y que, además, implica tanto sacrificio?

Por otro lado, el mensaje de amor de Jesús cada día nos parece más difícil de poner en práctica, sobre todo cuando vemos que en el mundo todos vamos a nuestros propios asuntos, siendo totalmente ajenos a las necesidades de quienes nos rodean.

A pesar de todo, ambos maestros han marcado el camino que sí puede llevarnos al desarrollo integral. Sólo que hay que entender el sentido práctico y trascendental de sus mensajes. Esto no es sencillo, ya que lo primero que captamos es que hay que practicar el desapego total o "poner la otra mejilla". Sin duda alguna Buda y Jesús trabajaron arduamente en su propio desarrollo interior para alcanzar tal beatitud. Por lo tanto debemos tener claro que no entenderemos los mensajes de dichos iluminados si no estamos dispuestos, primero que nada, a comenzar el desarrollo de nuestra propia conciencia. El desarrollo personal nos ayudará a entender mejor los mensajes que ambos iluminados nos legaron, así como la posibilidad de disminuir el sufrimiento a través de la comprensión y el manejo de nuestras propias emociones.

Me concentro en algunas de las emociones más comunes, que suelen ser en gran parte las protagonistas de nuestros momentos de dolor. La intención principal es mostrar que somos los causantes de dichas emociones y que la falta de comprensión de nosotros mismos y de la forma en que conducimos nuestra energía es la razón principal de estas emociones en conflicto y una de las que impide nuestro desarrollo integral.

La envidia, la frustración, el enojo, el odio, el miedo, la confusión y la sensación de culpa son las emociones que analizo y propongo diversas formas de tratarlas. Para entender las distintas maneras de canalizar nuestras emociones, empezaremos por reconocer que vivimos en un mundo energético.

Las emociones se generan en la mente, producto del flujo de pensamientos que ésta contiene. Las emociones son energía que se desplaza por todo el cuerpo y fuera de él. El problema surge, principalmente, cuando no son expresadas y, por ende, se acumulan en el cuerpo. En este caso, buscan dónde anclarse y así crean bloqueos en distintas partes del cuerpo que impiden el buen flujo de la energía y, finalmente, causan enfermedades físicas y mentales, además de desequilibrios en el alma. En esta obra identifico algunos centros energéticos dentro del cuerpo que tienden a bloquearse con determinado tipo de emociones.

Hablar de que existen canales de energía dentro de nuestro cuerpo, no es nada nuevo. Muchas culturas antiguas han tratado este tema y lo han incorporado a sus creencias. Por ejemplo, en la cultura hindú se considera que la energía, conocida como *prana* o hálito vital, se conduce por un canal principal llamado *susumna* y por otros tipos de arterias llamados *nadi*. Dichos conductos están claramente identificados. Poseemos otros importantes centros energéticos a los cuales se les llama *chakra*. *El diccionario de la sabiduría oriental*, nos los define de la siguiente manera:

> Los Chakra son puntos de confluencia y compenetración de lo psíquico y lo corpóreo. Son siete los chakra que reconoce el hinduismo y se sitúan a lo largo de la susumna, el canal principal de energía sutil que sube en correspondencia con la columna vertebral y por el que asciende la energía en el curso del despertar espiritual de un ser humano. Los seis primeros chakra se sitúan en correspondencia con lugares del cuerpo físico; el séptimo está aparte de éste, inmediatamente encima de la coronilla. Cuando la energía despierta, lo cual se puede lograr con algunos ejercicios que sugiero en este libro, ésta asciende desde el primer chakra, para activar sucesivamente los demás chakra hasta el séptimo. Con la excitación de cada chakra al cual el practicante lleva la energía se experi-

menta un avance en el despertar de la conciencia así como un mayor conocimiento de uno mismo y una sensación de paz interior.

De cada chakra irradia un determinado número de canales de energía. Según algunas personas con dotes psíquicas, que pueden visualizar el cuerpo astral, describen los chakra como flores de loto con diverso número de pétalos; así se los representa tradicionalmente. El número de pétalos representa el número de canales energéticos que irradian del chakra. Estos lotos se encuentran en movimiento giratorio, por lo que dan la impresión de ser ruedas ígneas en rotación.

Por propia experiencia y por observación he determinado que estos importantes centros de energía se bloquean con las emociones en conflicto que antes he mencionado. Una vez que la mente genera un pensamiento cargado de emociones, éstas se distribuyen en todo el cuerpo y, dependiendo de sus características y naturaleza, tienden a incrustarse en un chakra en particular. Por ejemplo: la envidia lo hace en los genitales y a su alrededor, lo cual constituye el primer chakra. La frustración, abajo del ombligo, lo cual corresponde al segundo chakra. La ira o enojo bloquea el plexo solar, que se ubica en la boca del estómago y corresponde al tercer chakra. El odio bloquea el corazón, que es identificado como el cuarto chakra. El temor se ubica en el área de la garganta o quinto chakra. El sexto chakra está en el entrecejo y es ahí donde se acumula la confusión. Finalmente, sobre la cabeza, en la zona de la coronilla, es donde se centra la sensación de culpa, bloqueando así este séptimo chakra.

La importancia de esta obra radica en mostrar cómo tratar con nuestras emociones, a la vez que también nos enseña a detectarlas y transmutarlas en una energía creadora positiva. No todas las emociones pueden ser transmutadas en acciones positivas; sin embargo, todas pueden ser reconducidas, impidiendo así que se anclen en nuestro cuerpo causando daños físicos y mentales.

Quiero recalcar la intención primordial de esta obra, que es la de alentar el conocimiento de uno mismo, lo cual considero en gran medida como una vía para alcanzar una paz interior que es lo que la mayoría de los hombres buscamos en forma consciente o inconsciente y que, por desgracia, no siempre resulta fácil si no se cuenta con las herramientas adecuadas.

Envidia

PESAR QUE CAUSA
EL BIEN AJENO

L a envidia es una emoción que, cuando se le impide ser expresada, tiende a quedarse en la parte baja del vientre, en los órganos reproductores y en las extremidades inferiores, causando diversos trastornos en su funcionamiento.

Esta energía tiene un fin creador y deberá manifestarse. Deshacernos de una emoción tan intensa sin dañar a nadie, no es cosa fácil, pero es posible si estamos conscientes de su existencia y de la necesidad de expulsarla de nuestro organismo.

Cuando hablamos de emociones tan mal vistas como la envidia, pensamos que debemos evitarla o rechazarla en cuanto surge en nuestro interior. Siempre la envidia se ha catalogado como negativa y aquel que se muestra envidioso es rechazado. Ésta es la razón por la cual nadie quiere ser catalogado como alguien a quien le pesa el bien ajeno.

La envidia no es *negativa*, es nuestra reacción ante ella lo que la convierte en algo dañino. La envidia es una emoción que se genera primero en la mente. Algunas prácticas orientales sugieren la observación de los pensamientos con la intención de generar autoconciencia y así ser más responsables de todo aquello que pensamos. La cultura occidental parece alentar todo tipo de emociones, con la intención de generar más y más pensamientos que nos conduzcan a la competencia de unos con otros. La envidia es un sentimiento muy característico de los medios donde la competencia es intensa.

Luchar contra nuestra cultura y contra la sociedad que hemos heredado no es lo mejor. Tomar una actitud responsable y generar una mayor autoconciencia es lo adecuado.

Lo primero que hay que hacer es permitirnos ser humanos. Quiero decir, no negar nuestras emociones. Debemos aceptar hasta las emociones menos deseadas, como la envidia. Sin embargo aceptar no es permitirnos ser presas de aquellos sentimientos que dañan nuestras vidas y nuestro organismo.

Las emociones, una vez que se han generado en la mente, deben ser expresadas o transmutadas. No debemos reprimirlas, pero tampoco alimentarlas con un comportamiento hostil. Las emociones conscientes son como un motor que genera importantes cambios en nuestra realidad. Sin embargo, el correcto manejo de las emociones y la aplicación inteligente de éstas no es cosa fácil y sólo se logra con mucha práctica, paciencia y una constante autoobservación.

La envidia es una emoción muy fuerte y contiene una gran cantidad de energía. El ser humano tiene la capacidad de transformar casi todas las energías que salen de su mente. El sentimiento más bajo, la emoción más burda, puede ser transformada en una Acción Creadora Positiva (ACP).

La ACP es la transmutación consciente de una energía negativa y muy activa, en una acción positiva. Es lo que grandes personajes de la historia han utilizado para modificar la realidad del mundo. Mahatma Gandhi seguramente sintió enojo, frustración, envidia y odio en contra del sistema inglés. Sin embargo, supo expresar esos sentimientos con una ACP.

Ser autoconscientes de nuestras emociones y transformarlas en ACP es la forma de vivir mejor; más sanos y más libres.

Cómo tratar con la envidia

Para evitar que esta emoción se quede en el organismo, es necesario ser conscientes del momento en que se genera en forma de un pensamiento. Ése es el momento preciso para observar lo que sucede en nuestra mente y en nuestro cuerpo, para luego conducir la energía de ese pensamiento hacia el exterior. Lo ideal es que aquella emoción no salga con la intención de dañar a alguien, pues de esta forma la energía se incrementará y volverá a nosotros causándonos más daño. Cuando una emoción sale descontroladamente, se retroalimenta y regresa a nosotros con más intensidad. Arrojar nuestras emociones hacia los demás es como un juego de pelota contra una pared: cuanto más fuerte le pego, ésta regresa con la misma intensidad hacia uno mismo.

A veces es preciso retener la emoción dentro de uno, con la intención de no expresarla negativamente. Eso es igual que acumular la basura en un lugar determinado de la casa: sabemos que está ahí y que debemos desecharla en el momento adecuado. Desde luego, nadie olvida tirar la basura por varios días, pues tarde o temprano esto le causará molestias. Así, una emoción que se guarda no debe ser olvidada, pues tarde o temprano hará notar su desagradable presencia.

Para evitar que la envidia se guarde en nuestro organismo, es preciso generar algunas válvulas de escape. A continuación recomiendo algunas.

- HABLAR SOBRE ELLO

- PLANTEAR OBJETIVOS

- ACEPTAR LA REALIDAD

Hablar sobre ello

Contar con alguien dispuesto a escucharnos es algo indispensable. Los seres humanos tenemos la necesidad de hablar sobre los sentimientos que nos afligen. Cuando siente uno esa necesidad, es bueno buscar a un buen receptor. No es recomendable guardar el deseo de hablar sobre algo, pues tarde o temprano, si estamos conscientes de que el sentimiento es negativo, acabaremos por sentir culpa y eso nos dañará aún más.

Cuando decidimos confesar que envidiamos a alguien o algo en particular, debemos ser cuidadosos de a quién escogemos para ser escuchados. En ocasiones, podemos dar con la persona menos indicada. Comunicar a alguien el sentimiento que albergamos, es para desahogar y disminuir la energía que en el caso de la envidia se acumula dentro de uno. Si, al expresarlo, notamos que la otra persona alienta nuestro sentimiento y, como consecuencia, éste aumenta en su intensidad, lo que debemos hacer es buscar a otra persona o definiti- vamente intentar con otra válvula de escape.

Si las circunstancias lo permiten, es recomenda- ble dirigirse a la persona hacia la cual experimen- tamos envidia. Con humildad, pero a la vez con seguridad, para confesarle nuestros sentimientos. Probablemente, nos sorprenda ver que, cuando estamos dispuestos a dejar de competir, a bajar la guardia, y a mostrarnos tal como somos, sin ba- rreras ni caretas, es cuando las personas tienden a escucharnos e intentan comprendernos.

Todos los seres humanos somos espirituales, y a pesar de la capa externa que representa nuestra personalidad, de vez en cuando los destellos de nuestro ser nos sobrepasan, haciéndonos recordar que somos hijos de un mismo padre. Una vez que estés consciente de que la envidia es uno de los sentimientos que guardas en tu interior, no temas deshacerte de eso de una u otra forma. Confía en tu intuición y busca siempre con quién hablar acerca de las emociones que te afligen.

Plantear objetivos

Toda la energía que se acumula cuando surge una emoción intensa debe ser desplazada, descargada en algo concreto. De no hacerlo, se desperdiciará inútilmente o permanecerá en determinadas partes del cuerpo a las cuales provocará daño.

Si estamos conscientes de que esa energía también puede ser utilizada para generar cambios en el exterior, entonces debemos aplicarla inteligentemente para alcanzar objetivos bien definidos.

Si sientes pesar ante el bien ajeno, lo que debes hacer es tratar de alcanzar lo deseado, de la siguiente manera:

1. Empieza por definir claramente tu objetivo.
2. Planea la forma en que se puede alcanzar.
3. Ubícalo en el tiempo. Asigna un plazo a las distintas fases que debes ir logrando para llegar hasta el fin deseado.

Antes de comenzar la lucha por conseguir lo deseado, debes hacer un análisis acerca de qué es lo que te motiva tanto. Primero analiza si lo deseado generará algún bien para tu vida y para tus seres queridos. Si ese tipo de bien es capaz de contribuir a tu desarrollo humano y espiritual o si tan sólo busca reforzar más tu ego. Siempre intenta alcanzar aquello que contribuya de una manera integral a tu existencia como ser espiritual y material.

Evita ser manipulado, analizando claramente si lo que deseas es algo que de verdad quieres o si es sólo consecuencia de la presión que ejercen sobre todos nosotros la competencia y el consumismo que se ha desatado en nuestra sociedad.

Aceptar la realidad

Si aceptamos que somos el resultado de un cúmulo de experiencias y que nuestros actos nos han conducido a lo que somos actualmente, entonces estamos de acuerdo en que nadie ha determinado nuestra realidad, es decir, lo que pasa con nuestra vida. Las carencias físicas o materiales se derivan de acciones determinadas. No somos obra de la casualidad, ni capricho de un dios menor. Somos seres creadores y el uso de esa capacidad es resultado de la realidad.

No todo lo que se desea puede ser alcanzado. A veces luchar contra una realidad es totalmente inconveniente. Saber aceptar que otros tienen más atributos, más bienes o más suerte o más de lo que sea es también aceptar el juego de la vida. No se puede vivir envidiando a los demás ni tampoco en conflicto con nuestros sentimientos. Cuando la envidia sea superior a ti, ha llegado el momento de hacer una tregua contigo mismo, con tu personalidad. A veces conviene dejar que las cosas sean como son y suponer que todo está bien. Cuando uno acepta ciertas condiciones y deja en manos de la vida misma lo que ha de suceder, es cuando, sin que la realidad sea distinta, empezamos a vivir en paz y armonía.

Comentario adicional: El deporte y el ejercicio ayudan a expulsar la energía que se acumula dentro del cuerpo, tan sólo hay que saber escoger correctamente la actividad que trabaje la zona bloqueada energéticamente.

Por ejemplo, en el caso de las energías que bloquean la parte baja del tronco, es recomendable ejercitar las extremidades bajas y así hacer llegar todo el movimiento hasta el abdomen. El *spinning* es un ejercicio que está de moda y que puede ayudar a sacar la envidia; además, al agregar música de alta frecuencia y con ritmos acelerados, los chakra inferiores se estimulan.

Es muy importante que, mientras realices cualquier deporte o ejercicio, te mantengas atento a tu cuerpo y a la sincronización de tu respiración. Evita que tu mente se dé vuelo mientras haces ejercicio; procura concentrarte en lo que haces para evitar que se generen más emociones causadas por el flujo de pensamientos.

FRUSTRACIÓN
MAL LOGRO DE UN DESEO

La frustración es el resultado de un deseo no concretado. Es una energía que se destinó para la realización o creación de algo específico, pero, al no concretarse, se estanca sin alcanzar su objetivo primordial.

Toda energía que se detiene y no logra concretar el objetivo, debe ser nuevamente activada. Cuando esta energía se halla estancada en el organismo, debe ser removida para que no genere algún mal.

La frustración suele concentrar una energía bastante pesada en los órganos reproductores, en la región sacra, las caderas y la región lumbar. Esto impide el buen funcionamiento de estas partes del cuerpo y propicia el deterioro físico.

Todos los seres humanos hemos experimentado la frustración, debido a que el mundo es como una escuela donde se aprende a costa de cometer errores. La escuela de la vida implica constante interacción con muchos otros intereses que compiten contra los nuestros. La competencia es propia de la naturaleza animal. El ser humano no es la excepción. Nuestro comportamiento en la sociedad sigue siendo similar al de cualquier mamífero.

Existen miles de libros que nos dicen cómo ser felices, muchas técnicas que nos dicen cómo alcanzar el éxito, muchos cursos y maestros que intentan enseñar la forma ideal de lograr nuestras metas. Sin embargo, cada día hay mas frustración en todos los hombres y mujeres. Es verdad que el ser humano es capaz de lograrlo todo, que es un ser creador y que nunca debe derrotarse ante sus propias metas, pero a veces la frustración es producto de una enorme carga de deseos que, tal vez, no nos pertenecen. La sociedad misma, la feroz competencia y algunos otros factores pueden ser la causa de que permitamos que otros decidan qué es lo que necesitamos. Por ello caemos en un juego de lucha interminable por alcanzar un horizonte imposible. El hombre rico desea ser más rico, el millonario desea ser poderoso, el poderoso desea ser algo más.

La autoobservación puede ser una exitosa herramienta para la enorme cantidad de hombres y mujeres que sufren de frustración y depresión por no haber alcanzado metas que para ellos eran importantes. La observación constante de todo aquello que pasa por nuestra mente nos servirá para identificar nuestros verdaderos deseos y necesidades.

Cómo tratar con la frustración

Es preciso confiar más en nosotros mismos, tener una mayor conexión con nuestra conciencia, de tal forma que aquellos deseos que cultivemos en nuestra mente hayan sido seleccionados de una manera más profunda. Esto nos ayudará a dirigir nuestra energía creadora hacia puntos más definidos e importantes. Así lograremos una forma eficaz para evitar tantas decepciones y malos logros en la vida. Además de ser más conscientes de nuestros deseos, también debemos analizar qué tanto beneficio y felicidad generarían una vez que fueran logrados. A veces el sacrificio que se hace por alcanzar ciertas metas es mucho mayor que el premio obtenido.

Experimentar el fracaso también es parte del proceso evolutivo del ser humano. Sin embargo, genera mucho sufrimiento, por lo que nuestra sociedad debe buscar una solución, la cual tal vez se logre si giramos hacia la sencillez. Día a día surgen "mayores necesidades" que nos introducen en un ritmo que nos aparta de la convivencia con la familia, la naturaleza, la reflexión y, principalmente, de la introspección. Si uno no se vigila por dentro, no indaga sobre aquello que ronda en nuestra mente, entonces difícilmente se puede tener la capacidad de conocer las necesidades verdaderas y los deseos que deben conservarse porque son valiosos para nuestro propio desarrollo. Es indispensable que todos nos comprometamos con la búsqueda de vidas más sencillas y con la autoobservación, si es que deseamos ser libres y felices.

En el caso de la frustración, hay algunas válvulas de escape que te sugiero para poder remover este tipo de energía.

- Aceptación de lo sucedido y replanteo de acciones
- Contacta con el medio acuático
- Experimenta el placer

Aceptación de lo sucedido y replanteo de acciones

En nuestro afán por alcanzar nuestras metas, los seres humanos nos empeñamos en hacer que nuestra realidad se transforme, cuando empleamos toda nuestra energía, tiempo y capacidad para obtener algo; sin embargo, no lo logramos. Por lo general nos contragolpea una sensación de fracaso. Esta dolorosa sensación es algo que tendemos a ocultar ante los demás. Difícilmente alguien se atreve a aceptar abiertamente una derrota. Esto genera que, lejos de hacer un autoanálisis y replantear acciones, nos concentremos más en la sensación del fracaso. Para despejar la mente y hacer un análisis de lo sucedido, es indispensable aceptar que aquello que deseábamos no está más a nuestro alcance, o tal vez es preciso dar un receso y replantear el camino.

Aceptar una derrota no es aceptar el fracaso. Las caídas tal vez no lo son, si lo vemos desde la perspectiva amplia de quien está en un largo proceso de evolución y que, para alcanzar la perfección, debe sumergirse en un mundo de diversas experiencias. En la escuela de la vida todos somos aprendices y, en muchas ocasiones, aprendemos por medio de prueba y error. Además, la mayoría de las personas que ha logrado superar una derrota, después de haber pasado el tiempo, reconoce que esa experiencia lo hizo más fuerte, más consciente, y considera que fue una experiencia positiva.

Aceptar lo sucedido como paso inicial y luego replantear acciones es muy conveniente para que la frustración no nos amargue, no dañe nuestra vida ni nuestro organismo. Una vez que se acepta la caída, es indispensable no ver más hacia atrás.

Esto no quiere decir que se pierda la capacidad de aprender de los errores cometidos; el autoanálisis vendrá tarde o temprano. Sin embargo, lo que uno debe evitar es la sensación de culpa y fracaso. Juzgarse a uno mismo con dureza no resuelve nada.

La misma energía que se había empleado con un fin determinado, puede volver a emplearse para salir adelante y encontrar otras alternativas de desarrollo. Es importante no insistir en algo que no podrá ser alcanzado, así como no desperdiciar nuestro tiempo y energía en acciones que no conducirán a nada o que simplemente nos confundirán más. La frustración debe aceptarse y transformarse con una nueva actitud creadora. La guía de la experiencia y una mayor conciencia serán un valor agregado en nuestras próximas acciones.

Contacta con el medio acuático

Pareciera increíble que al contactar o al realizar actividades con el agua se pudieran remover emociones profundas y dolorosas. Pues a pesar de lo extraño que parezca, es bueno recordar que la vida se originó en este medio, que antes de nacer nos desarrollamos durante nueve meses en el agua, y que el agua es una fuente de energía indispensable para todo ser viviente.

40

El origen de la vida fue el agua. Ahí se gestaron los primeros seres de este planeta. En el nivel biológico, fisiológico, los seres vivos somos esencialmente agua. Ésta se encuentra en una proporción de 65% en el cuerpo humano y de 71% en la Tierra.

El agua, en su estado natural, está siempre en movimiento. En cuanto contactamos con ella, dicho movimiento es percibido por nuestros sentidos, y nuestra mente capta el mensaje sutil que este elemento nos transmite. El movimiento representa acción, cambio, expresión, evolución. Todo esto es lo contrario al estancamiento de una energía.

Cuando surge la frustración, la mente no coopera, los bloqueos nacen de inmediato y frenan nuestra capacidad de resolución. El agua puede liberar la energía estancada e impulsarnos en lo emocional y mental para conducir las energías hacia su realización, movimiento y acción.

Realiza actividades que se relacionen con el agua; es mucho mejor si puedes introducirte en ella, sentir su suave roce, su movimiento, su capacidad de cubrirte, de envolverte. Algunas actividades acuáticas, como la natación, el buceo, te exigirán una serie de movimientos que trabajarán las partes donde por lo general se estanca la frustración. Me refiero a los órganos reproductores, la región sacra, las caderas y la región lumbar, como ya lo había mencionado.

El contacto entre estas partes de tu cuerpo y el agua liberará eficazmente una gran cantidad de energía acumulada. Después de realizar una actividad como ésta, notarás un gran alivio físico y mental, pero hay algo muy importante para obtener el máximo de resultados: mantener una constante atención a tu cuerpo en movimiento cuando esté en contacto con el agua. Mantener tu atención a lo que haces te permitirá descubrir un sinfín de sensaciones sobre tu cuerpo y sobre tu estado interior, además evitará la suma de pensamientos negativos o repetitivos sobre la sensación de fracaso y frustración.

Date la oportunidad de experimentar el contacto con el agua siendo más consciente de sus efectos terapéuticos. Recuerda que si te abrigó durante los nueve meses de tu gestación, entonces tal vez te alivie en tus momentos de frustración.

Experimenta el placer

¿Quién no desea experimentar placer? Tal vez ésta es la razón principal de todos nuestros deseos, mismos que no siempre son realizables y se convierten en verdaderos verdugos, pues mantienen nuestra mente en completa inquietud. Experimentar el placer, sabiendo que esto estimulará nuestros deseos, es en cierta forma como jugar con fuego; sin embargo, ese fuego que desata el placer vivido es lo que nos da vida. Es, entre otras cosas, algo que nos ayuda a internarnos en ese camino que conduce a la conciencia.

En el hinduismo existe una corriente mística religiosa que se conoce como *tantra*. Dentro de ésta, hay una rama llamada *vamacara* ("de la mano izquierda"), la cual concibe prácticas sexuales que forman parte de ritos, a través de los cuales se pretende enfocar la experiencia del placer hacia fines de exaltación y purificación espiritual.

En lo personal, creo que la energía sexual es muy poderosa, y si nos relacionáramos más con ella, obtendríamos grandes beneficios. Desgraciadamente, en Occidente no se nos ha enseñado a utilizarla, ya que, por lo general, la enfocamos hacia la procreación, o la derrochamos en relaciones sexuales donde por lo general se busca sólo alcanzar la culminación del acto con la expulsión de nuestra energía en la eyaculación u orgasmo. De esta manera hacemos de las relaciones sexuales algo monótono y poco provechoso, desperdiciamos las generosas propiedades que tiene esta fuente de poder, la cual es capaz de revitalizar nuestro cuerpo, mente y espíritu.

Sé que hay muchas clases de placeres; sin embargo, me enfoco más al sexual, ya que éste pone en juego una poderosa energía que, si se conduce adecuadamente en nuestro cuerpo, es capaz de regenerar nuestros conductos energéticos y de limpiarlos de cualquier estancamiento causado por alguna emoción en conflicto.

Sobre las emociones, el placer y el dolor, cito algunos comentarios del libro titulado *Guía práctica de los chakras*, de Anodea Judith y Selene Vega:

Pese a su complejidad, las emociones pueden considerarse fundamentalmente como reacciones frente al placer y el dolor. Experimentamos emociones placenteras ante algo que sentimos como bueno, ante lo que concuerda con nuestros deseos y en cierta manera nos afirma. Las emociones desagradables, como el temor o la tristeza, son consecuencia de una experiencia dolorosa o de la previsión de una posible experiencia dolorosa. Son energía en movimiento dirigida a instaurar un cambio que evite precisamente ese dolor, lo mismo que las emociones positivas como la alegría o el entusiasmo quieren acercarnos a la experiencia del placer.

Dolor y placer son derivaciones del mecanismo de la supervivencia. Cuando las necesidades de la supervivencia se hallan adecuadamente atendidas, el organismo se orienta, de una manera natural, hacia el placer. En cambio, el dolor es una indicación de que algo va mal, de que nuestra supervivencia se halla amenazada en algún sentido. Si yo te pego o te causo daño por algún procedimiento, querrás alejarte de mí. Cuando experimentamos el dolor intentamos aislarnos de esa sensación y, por consiguiente, de nuestros sentimientos.

El dolor nos obliga a contraernos, a retirarnos, a replegar nuestra energía hacia dentro. El placer, por el contrario, nos induce a expandirnos. Si alguien nos masajea el hombro o por otra manera [*sic*] nos obsequia algo que nos agrada, tendemos a relajarnos, a permitir que nuestras energías fluyan y se proyecten hacia el exterior. La energía y la conciencia se hallan intrínsecamente interrelacionadas. Cuando suprimimos nuestros sentimientos, nuestras sensaciones y nuestro flujo energético, también restringimos nuestra conciencia. Limitamos el cambio que podríamos experimentar y dirigimos nuestros esfuerzos al propósito de conseguir que las cosas queden como estaban antes. En cambio el placer nos ayuda a expandir nuestra conciencia.

La sexualidad es la experiencia de la atracción, del movimiento, del sentimiento, del deseo y de la relación, todo ello envuelto en la experiencia gozosa del placer. Llamo a experimentar el placer, a través de la sexualidad, invitando a poner plena atención a esa poderosa y generosa energía que se desata tras la excitación durante el acto sexual. Propongo que en la relación sexual se disfrute con ese flujo de energías que se mezclan y se entrelazan como en un juego de cachorros: buscándose, hallándose, enfrentándose, librando una batalla que divierte y entretiene en un subir y bajar de intensidad y de fuerza, que nos hace sentir vivos y atentos al momento presente, dejando a un lado las preocupaciones y los temores.

En ese mismo libro también podemos leer este párrafo:

> El acto sexual nos conecta con nuestros instintos básicos, tiende un lazo psicológico con nuestra supervivencia y prolongación de la especie. En este sentido nos recuerda la parte animal que existe en cada uno de nosotros. Por otra parte el acto sexual también nos da la oportunidad de poder experimentar la completud, la unidad con nuestra contraparte.

Aunque sea por unos instantes, un acto sexual plenamente satisfactorio hace que el ser humano fije su total atención al momento presente. En ese momento surge la impresión de escapar del tiempo y logramos percibir la inmortalidad de nuestro ser. Esa sensación puede alcanzarse en la experiencia gozosa del placer que genera el acto sexual.

Hay muchas formas de experimentar el placer, pero para tratar la sensación de frustración, el placer sexual es uno de los más recomendables, ya que trabaja mucho la parte baja del vientre y las partes sexuales que son donde más se obstaculiza la frustración.

Es difícil resistirse a comentar más sobre este tema; sin embargo, no pretendo hacer un análisis de la sexualidad. Por lo tanto, sólo quiero dejar claro que el acto sexual pleno y satisfactorio da la oportunidad de remover energías estancadas dentro de nuestro organismo y contribuye a la apertura de nuestra conciencia.

La frustración puede superarse aún más si se cuenta con una buena relación en la cual nuestra pareja nos satisface físicamente y nos apoya emocionalmente.

Enojo
MOVIMIENTO DESORDENADO
DEL ALMA OFENDIDA

El enojo es generado por un pensamiento explosivo. A veces es expulsado pero otras nos vemos obligados a ocultarlo. Esta energía se guarda en nuestro interior y, cual bola de fuego, se dirige rápidamente al plexo solar, lo cual nos hace sentir calor entre el ombligo y la base del esternón.

El enojo es una fuerza incontrolable que manipula al individuo y lo hace actuar sin razonamiento alguno; es destructivo y, si esta energía se retiene en el interior del organismo, causa daño a partes vitales del cuerpo, generando enfermedades graves.

La ira es una emoción en movimiento que, como tal, se le debe conducir y evitar chocar con ella. Esta emoción es, por lo general, el resultado de haberse sentido ofendido por alguien o por alguna situación. Quienes tienden a enojarse con facilidad son individuos dominados por el ego, y por esta razón no aceptan críticas sobre su persona. Sin embargo, todos tenemos un sistema de valores, y cuando alguien pasa por encima de él, nos molesta y, entonces, surge el enojo. Por ello debemos analizar si nuestra percepción de la realidad es demasiado estrecha o si estamos en el lugar o con la persona adecuada.

El enojo es la señal de que algo de lo ocurrido no nos gusta. Así que tal vez lo mejor es apartarse de esa persona o situación. Desde este punto de vista se parece al dolor: no nos gusta sentirlo, pero es una alerta y eso es su parte positiva.

Es muy importante tomar lo bueno de cada emoción y saber expulsar y eliminar de nuestro organismo las energías que pueden dañarnos. Hay gente que realmente se apega a sus emociones. No quieren soltarlas, se identifican tanto con ellas que forman parte de su personalidad. El enojo es una de las emociones que más impresiona a los demás. Por lo tanto, una persona que utiliza esta emoción para distinguirse, difícilmente podrá desapegarse de ella, a menos que trabaje con constancia y dedicación sobre este defecto.

Cuando la ira se da más por cosas simples y cotidianas que por cuestiones profundas, lo más recomendable es la autoobservación y una buena dosis de flexibilidad, pues no todo será y resultará siempre como uno desea.

Cómo tratar con el enojo

A aquellos que se han ganado la fama de ser muy iracundos, yo les digo: atrévete a cambiar, mira cómo la mayoría de la gente se aparta de ti y date cuenta que sólo hacen burla de tu mal humor. La vida es un regalo, hay miles de sensaciones agradables esperándote, si te decides a cambiar.

La ira enceguece, obstruye los sentidos, nos impide ver la magia de las cosas sencillas de la vida: apreciar una puesta de sol, sentir el fresco de la mañana, disfrutar la risa de los niños. No es posible gozar de la vida si no puedes percatarte de nada, debido a que estás sumergido en una emoción que te aprisiona.

Es verdad que hay injusticias que dejan un profundo dolor y enojo en la persona, pero recuerda que la vida es una escuela, y la mejor manera de aprender es aceptando cualquier lección que se nos dé.

Sigue adelante y descarga tu enojo, que la injusticia que lo provocó no debe ser más grande ni más valiosa que la suerte de estar vivo.

Los siguientes consejos te ayudarán a descargar el enojo.

- OBSÉRVATE
- PRACTICA DEPORTES DE CONTACTO
- SUSTITUYE EL ENOJO POR EL EROTISMO

Obsérvate

No siempre el enojo está justificado. Inconscientemente, tú estás buscando algo al enojarte. Tal vez mostrarte superior a los demás, hacerte notar, reforzar tu personalidad o cumplir un capricho.

Sentirse inferior, tener miedo y la falta de compresión son algunas de las causas por las cuales uno saca el enojo para, en realidad, esconder nuestras propias debilidades. La persona se enoja, grita, pero realmente hay algo más que él no ha descubierto y que en su interior le molesta. Es decir que no siempre es el medio y las demás personas quienes causan nuestra ira.

Observarnos a nosotros mismos nos da la capacidad de indagar en lo profundo y de descubrirnos cada día para encontrar esas molestias que tu personalidad esconde.

Si tú eres de esas personas que se enoja con facilidad, es recomendable que hagas un autoanálisis. Para que sea efectivo, es preciso que recurras a una regla indispensable: descarta la posibilidad de que la causa de tu enojo es algo externo. Es decir, todas esas razones, ideas e historias que siempre surgen en la mente justificando nuestros actos, serán descartadas. Vamos a empezar suponiendo que el origen de nuestros disgustos está dentro de nosotros mismos y que las personas, las cosas o las situaciones externas son sólo los blancos que nuestro enojo busca para poder chocar.

La autoobservación empieza con un proceso de introspección. La introspección es un examen del alma y nos ayudará a descubrirnos a nosotros mismos.

Una forma recomendable de introspección es la siguiente: date la oportunidad de salir de tu rutina, aunque sea por un momento. Procura estar a solas y, preferentemente, en un lugar que te inspire tranquilidad y seguridad. Puedes caminar o simplemente permanecer cómodamente sentado.

Mira hacia tu interior. Observa los contenidos de tu mente: pensamientos, sensaciones, emociones, etcétera. No trates de analizar los problemas de tu vida, ni siquiera las circunstancias o experiencias por las que has pasado, sólo observa pasivamente. Intenta ver lo que hay dentro sin dar más motivos a la mente. Deja que los pensamientos fluyan en tu interior; no viajes con ellos: déjalos pasar.

Mientras la mente parlotea, sé paciente y obsérvala, déjala que purgue sus contenidos. Poco a poco, y si no te dejas llevar por tus pensamientos, podrás alcanzar un estado de mayor serenidad mental.

Una vez que te sientas tranquilo y alcances la posición de observador de tu mente, debes preguntarte: ¿Qué es lo que me molesta? ¿Cuál es el origen de este malestar? Notarás que la mente empieza a parlotear, buscando las razones que justifican su actitud. Ignora todo esto y continúa como un observador pasivo, para lograr otra vez un estado de tranquilidad mental.

Entonces repite la misma pregunta y deja que la mente vuelva a descargar toda su información, sin tomarla en cuenta. Trata de relajarte aún más y repite el proceso. Notarás que la mente es persistente, que tratará de hacerte caer en su juego, como si no quisiera que descubrieras cuál es la verdadera causa de tu malestar. Finalmente, y si eres constante y firme, lograrás purgar tu mente hasta un punto en el cual se hace una mayor conexión con tu conciencia.

La tradición hindú ha demostrado que si incesantemente nos preguntamos "¿quién soy?", la conciencia responde. De igual forma, si te preguntas constantemente "¿qué es lo que me molesta?", te sorprenderás al ver que desde lo más profundo de tu ser surgirán las respuestas. Respuestas que tal vez no sean muy agradables, porque la conciencia no miente. Pero estoy seguro que lo que descubrirás será el principio para generar grandes cambios en tu vida y para dar el primer paso en contra del mal humor.

Un buen análisis de introspección hace que uno aprenda a autoobservarse. Una vez que uno empieza a tomar conciencia de los contenidos de la mente y de los secretos de nuestra personalidad, la corrección de las emociones se inicia.

Por lo general, la causa de los males está dentro nuestro y ha sido originado por nosotros mismos. La fórmula para sanarnos mentalmente y, en ocasiones, físicamente, está dentro de nosotros.

Practica deportes de contacto

El enojo es una energía que propicia el choque. Para reorientar esta emoción y convertirla en una ACP, te recomiendo que practiques algún deporte que te permita golpear sin dañar a otro, y con un sentido de orden y disciplina. A la energía que se estanca en tu organismo se le da un cauce práctico, de tal forma que tu cuerpo y tu mente resultan beneficiados, gracias al deporte de contacto que hace la función de válvula de escape cuando la ira nos invade.

El tae-kwan-do, el karate, el futbol y muchos otros deportes te brindan esta oportunidad; siempre busca la orientación de un experto para realizar cualquier deporte.

Sustituye el enojo por el erotismo

En ocasiones, los pleitos en parejas estables son una razón para buscar romper la rutina. El enojo por cualquier motivo es un buen pretexto que, en el fondo, trata de revitalizar la relación con un poco de la adrenalina generada por los berrinches que se dan en el conflicto.

El proceso de enojo–reconciliación es algo natural e incluso puede ser sano si la reconciliación se da con caricias, apapachos y finalmente concluye con un coito satisfactorio. De esta manera, el enojo que en forma de energía se ha estancado en el plexo solar, debe ser reconducida, conscientemente, hacia los genitales para luego ser transmutada durante el acto de amor y así obtener una ACP.

Una relación donde se ha transmutado la ira en placer y amor es muy recomendable, ya que en términos físico-químicos genera un estado anímico positivo que trae consigo salud para el cuerpo y la mente.

Odio

AVERSIÓN HACIA
UNA PERSONA O COSA

Siempre he pensado que al odiar a alguien el que pierde es uno mismo. La persona odiada tal vez ni se entere que lo es. Sin embargo, todo el mal que el odio genera se reserva la exclusiva para su anfitrión. Dicho de otro modo: el odio daña sólo a la persona que lo alberga.

La energía producida por el odio se instala principalmente en el corazón. El corazón es considerado por algunos como el centro del cuerpo y el hogar del alma. Al guardar odio en nuestro corazón, transmitimos esa energía a todo nuestro cuerpo y dañamos nuestra integridad.

El corazón es un poderoso centro emisor de energía. Aquello que guarda el corazón será lo que transmita. De uno depende ser un sol radiante o una oscura nube.

El odio es fácil de percibir por quien lo vive. Sin embargo, ésta es una de las energías a las que más se apega el ser humano. Purificar el corazón de esta emoción requiere de un arduo trabajo, pero bien vale la pena.

Cómo tratar con el odio

Antes de recomendar algunas prácticas útiles para limpiar el corazón, quiero hacer mención de la importancia que tiene trabajar en este poderoso centro de energía.

La parte mística de algunas religiones y casi todas las tradiciones esotéricas han hecho mención respecto a la luminosidad del cuerpo y su trascendencia. El Cuerpo de Luz que se menciona en el budismo, las Vestiduras Blancas que en algunos pasajes de la Biblia son mencionadas y los distintos colores del aura en la metafísica son términos que se refieren a las personas que han logrado purificar su corazón y, tras expulsar el odio, emiten un campo luminoso alrededor de su cuerpo.

Se piensa que este tipo de estados sólo son alcanzados por quienes llevan una vida de retiro, renuncia o de consagración espiritual. Pero la verdad es que todos somos seres espirituales y estamos plenamente capacitados para vivir en total armonía con nuestro ser. No estamos exentos de la iluminación por el hecho de pertenecer al mundo cotidiano. El trabajo al que nos dedicamos, la familia que atendemos y nuestras responsabilidades ante el mundo son el medio ideal para practicar la purificación de nuestro corazón.

Algunas de las acciones para iniciar el trabajo sobre tu corazón son las siguientes:

- Detecta las falsas historias
- Visualiza
- Practica la oración del corazón

Detecta las falsas historias

Una mente inquieta y desordenada estará siempre llena de imágenes y pensamientos que le mantendrán a uno inconsciente del momento presente, fuera de la realidad. Cuando uno siente aversión contra una persona, cosa o situación determinada, la mente envía una serie de mensajes que se repiten en forma de pensamientos una y otra vez. Estos mensajes alimentan el odio y tienden a crear tensión en uno mismo.

Hay que estar muy consciente de lo que permitimos que entre y se repita en nuestra mente, pues no todo es real. Si no sabemos depurar esa información, la mente hará su propia historia deformando la realidad tanto como uno lo permita. Así es como los pequeños problemas de la vida se vuelven grandes males. Es ésta una de las causas de los pleitos entre vecinos, los odios entre familias, los conflictos entre razas y las guerras entre naciones.

Es verdad que, en ocasiones, uno puede ser objeto de un acto injusto, y esto hace que surjan pensamientos de enojo contra quien ha abusado de nosotros, pero debemos cuidar que el enojo no crezca, que no ascienda desde el plexo solar hasta el corazón y así se convierta en odio.

El odio es más difícil de erradicar que una plaga en nuestro jardín. Por eso no alimentemos el enojo con pensamientos, pues éstos, al sumarse, lo convertirán en odio.

Es muy importante observar lo que circula por nuestra mente cuando notamos que hay una emoción como el enojo, ya que la suma de pensamientos genera historias que no siempre se apegan a la realidad. Con el tiempo, si las seguimos alimentando, toman gran peso y son capaces de crear odios que se enraizan en el corazón. Para desenmascarar las historias que pasan por nuestra mente, debemos primero someterlas a un proceso de verificación.

Existe un libro llamado *Amar lo que es*, de Byron Katie, el cual trata sobre la forma de identificar la realidad, de aquello que vamos creando en nuestra mente. Lo recomiendo ampliamente. La técnica que propongo a continuación fue tomada de dicho texto.

Enojo-odio: cuando notas que está sucediendo este proceso de emoción en progreso, te recomiendo que tomes un lápiz y una libreta y que escribas todo lo que sientes y crees de esa persona o situación que tanto te molesta. Exprésate claramente y sin barreras, por ejemplo:

"Mi vecino es un mezquino, inútil que siempre aprovecha nuestra relación para obtener algo a su favor. Yo siempre he sido amable con él y nunca he recibido nada a cambio".

Después debes someter a verificación aquello que has escrito. Lo primero que hay que hacer es preguntarse si es verdadera o falsa la primera afirmación que has hecho. ¿Es verdad que mi vecino siempre aprovecha nuestra relación a su favor? Tal vez la respuesta sea sí, con lo cual seguirás pensando lo mismo. Entonces debes ser honesto contigo mismo y revisar bien tus afirmaciones con respecto a esta historia.

Vuelve a hacerte la misma pregunta, y tal vez descubras que tu vecino no siempre se ha comportado así. Es probable que, en alguna ocasión, hayas recibido una muestra de afecto por parte de esa persona. Por lo tanto, tu afirmación no es del todo verdadera. Luego continúa con la siguiente afirmación.

Ejemplo: "Yo siempre he sido amable con él y nunca he recibido nada a cambio". Nuevamente verifica qué tan real es esta afirmación. Tal vez descubras que no es del todo real.

Después de hacer un análisis como éste, encontrarás que nuestras afirmaciones, por lo general, no son la realidad y que tienden a causarnos tensión y a dañar nuestra relación con los demás. Cuando se descubre la falsedad de nuestras historias, es el momento adecuado para analizar la forma en que nos afectan.

Observa cómo te sientes cuando piensas que esas afirmaciones son ciertas. ¿Hay malestar? ¿Enojo? ¿Odio? Si tú sientes algo así al llenar tu mente de falsas historias, entonces utiliza tu mente para desenmascarar tus propias mentiras. Una vez que tus historias han perdido el peso de la verdad, entonces ya no es necesario seguir conservándolas.

Te recomiendo que por un momento olvides tus historias, todas las que te han hecho aferrarte al enojo, al odio, al rencor. Experimenta la sensación. ¿Te sientes mejor? ¿Te sientes libre? Tal vez más ligero. Muy bien, ahora es cuando debes darte cuenta que las historias que uno mismo se ha inventado o exagerado, sólo le hacen daño a uno y por lo tanto no tiene sentido conservarlas.

Luchar contra y tratar de eliminar las historias que nos unen al dolor no es fácil ni recomendable. Estas historias están constituidas por una serie de pensamientos que uno mismo ha alimentado y fortalecido durante mucho tiempo. Por lo tanto, la mejor forma de que se vayan deshaciendo consiste en tomar conciencia de lo dañinas que son y de su falsedad. Tras haber hecho conciencia de esto, el proceso de alimentación y reafirmación de una idea errónea representará una alarma cuando esté sucediendo en tu mente. Así podrás ser consciente de cuando tu odio está siendo alimentado. Entonces dependerá de ti mismo si continúas con esta mala información o mejor conduces tu mente hacia algo más positivo.

Tal vez existen casos en los que tú crees que tus historias son verdaderas, y tal vez lo sean. Sin embargo, debes estar consciente que de nada te sirven y que el odio que guardes en tu corazón no puede cambiar la realidad, ni presente ni pasada. En algunas ocasiones, lo recomendable es aceptar la realidad y dejar de luchar contra ella.

Tomando en cuenta el ejemplo anterior, debes aceptar a tu vecino como es y no querer que sea como tú quisieras. Tal vez no puedas evitar verlo, pero sí puedes limitar tu relación y, cuando lo veas, aprovecha para observar la reacción de tu propia mente y mira cómo se encarga de sembrar pensamientos negativos que no son necesarios.

Si eres más consciente cuando te enfrentas a una persona o situación no deseada, es probable que tu relación mejore o dejarás de contribuir a la aversión y al odio que se generan cuando la mente está suelta. Con esto quiero decir que si no tenemos la capacidad de cambiar la realidad, entonces debemos vivirla conscientemente y no hacerla peor con nuestra actitud y pensamientos.

Resumiendo la técnica anterior, estos son los pasos:

1. Identifica aquello que te causa molestia y se transforma en enojo, odio, envidia, rencor...
2. Escribe las afirmaciones que hay en tu mente con respecto a este asunto.
3. Somete tus enunciados a verificación. Pregúntate si son ciertos o falsos.
4. En caso de mantenerte firme, vuelve a someterlos a una verificación más a fondo y sé muy honesto contigo mismo al preguntarte si tus historias son totalmente ciertas.
5. Si notas que tus historias pierden fuerza, analiza cómo te sentirías sin ellas. Observa bien la tensión que te causan cuando las consideras reales y la libertad que sientes cuando ya no son tan importantes para ti.
6. Acepta la realidad. Más que tratar de cambiarla, sé consciente de aquello que tu mente imagina, exagera y siembra constantemente en ti.

Visualiza

Una vez que está uno totalmente dispuesto a eliminar el odio que en forma de energía se ha acumulado en el corazón, es el momento adecuado para hacer una visualización mental que purifica el corazón.

Este ejercicio mental consiste en lo siguiente: relaja tu cuerpo, haciendo algunos ejercicios blandos; respira profundamente conduciendo el aire hasta tu abdomen; siéntate cómodamente, con tu columna recta; cierra los ojos, centra toda tu atención en el corazón. A continuación, visualízalo mentalmente como una esfera luminosa. Esta esfera es del tamaño de una pelota de golf que brilla intensamente. Mientras mantienes esta imagen, cuenta diez respiraciones normales, sin forzarte ni apresurarte.

Al finalizar este conteo, imagina que la esfera ha aumentado de tamaño y luminosidad. Ahora la ves como del tamaño de una pelota de tenis. Mientras visualizas esta imagen, inicia nuevamente el conteo de diez respiraciones procurando no perder la cuenta y manteniendo la atención en el corazón. Al finalizar el conteo, imagina que la esfera luminosa crece una vez más hasta alcanzar el tamaño de un melón. Observa cómo ha rebasado los limites físicos de tu corazón y la luz que emite es tan brillante como el sol del medio día. Vuelve a contar diez respiraciones sin dejar de visualizar tu corazón luminoso. Al terminar, siente cómo la energía se expande en tu pecho, el cual ahora está totalmente bañado en luz. Mantén la atención en esa zona de tu cuerpo y vuelve a iniciar un conteo de diez respiraciones. Al término, imagina todo tu cuerpo reluciente. Obsérvate como un sol en su máximo esplendor.

Sentado, en silencio y con tu columna totalmente recta, sé tu propio observador. Fija toda tu atención en tu cuerpo y, con los ojos cerrados, imagina cómo despide un brillo excepcional. Si mientras practicas este ejercicio notas que en la mente aún hay una serie de pensamientos en constante movimiento, déjalos, no te aferres a ellos, permíteles fluir sin tomarlos en cuenta. Sé un observador pasivo sin deseos de acción.

Permanece así el tiempo que te sientas cómodo, guarda bien en tu mente la imagen de tu cuerpo lleno de luz y, finalmente, lleva tus manos al pecho y da gracias a tu corazón por todos los momentos de felicidad y amor que has experimentado en tu vida. Siéntete capaz de perdonar a los demás y a ti mismo así como de vivir en armonía y aceptar la realidad.

Si durante este ejercicio notas que se te dificulta contar las diez respiraciones sin perder la cuenta, considéralo algo normal. La mente es poco dócil y suele intervenir constantemente en este tipo de prácticas. Sin embargo, siempre deberás volver a iniciar el conteo desde el principio hasta que logres alcanzar las diez respiraciones sin perder la cuenta.

La oración del corazón

Es una técnica de origen cristiano, que, según se dice, fue transmitida por los mismos apóstoles a sus seguidores. En el libro *La filocalia de la oración de Jesús*, se comenta lo siguiente: "Esta oración nos viene de los santos apóstoles. Les servía para orar sin interrupción, siguiendo la exhortación de san Pablo a los cristianos de orar sin cesar".

Esta oración consiste en la repetición constante de una pequeña frase sincronizada con el ritmo respiratorio y centrando toda la atención en el corazón.

La técnica y frase original es la siguiente: al inhalar, se repite mentalmente las palabras: "Señor Jesucristo"; al exhalar: "Ten piedad de mí", manteniendo en todo momento la atención en el corazón.

Yo sugiero practicar esta oración cambiando la frase original por cualquiera de las siguientes:

1.- Al inhalar: "Mi corazón".
Al exhalar: "Brilla como el sol".

2.- Al inhalar: "Yo soy".
Al exhalar: "Amor absoluto".

3.- Al inhalar: "El amor de Dios".
Al exhalar: "Vive en mi corazón".

Recuerda siempre mantener una atención constante en el corazón mientras llevas a cabo esta práctica y no trates de cambiar tu respiración. Ésta debe mantener su propio ritmo.

Con esta técnica lograrás reducir el flujo de pensamientos en la mente, lo cual, entre otros beneficios, te dará serenidad. Al centrar tu atención en el corazón y repetir las frases que te he mencionado, descubrirás el poder de la palabra combinado con la fuerza del amor que radica en el corazón.

Los beneficios están reservados para el practicante dispuesto y dedicado.

Miedo

El miedo obstruye y detiene el flujo de la energía. Se siente un nudo que endurece la garganta, la boca y la mandíbula. Este bloqueo de energía es común que se manifieste en estas partes del cuerpo, pero también puede paralizar las piernas, haciendo que se inmovilicen. El miedo, en muchas ocasiones, bloquea la mente y, con esto, limita nuestra capacidad de resolver una situación determinada. Cuando uno está atrapado en este pánico, ya no es posible escapar de él con facilidad. Por eso al miedo hay que estudiarlo y analizarlo muy bien cuando se está sereno y fuera de toda sensación de angustia o peligro.

Cuando el miedo es sutil, se percibe simplemente como algo que nos impide realizar las cosas o realizarnos en cierto sentido. Este miedo oculto hace mucho daño porque no lo identificamos claramente y porque se encuentra profundamente arraigado en el subconsciente. Cuando nos senti-

69

mos inseguros para emprender algo, ahí está manifestándose un temor, que tal vez no es perceptible en alguna parte del cuerpo y, probablemente, no paralice nuestra garganta; sin embargo, sí paraliza nuestra capacidad de acción y realización.

Un ejemplo claro es cuando estás a punto de emprender un negocio, un viaje, una relación afectiva, etcétera. Planeas el rumbo, te sientes capaz de llevar a cabo dicha empresa, y sin embargo, al momento en que las cosas se van acomodando para que se realice, empieza la duda en tu mente. Una y otra vez los pensamientos de inseguridad te invaden, y te hacen flaquear tanto, que olvidas tus proyectos y buscas cualquier pretexto para no afrontarlos. Tiempo después te preguntas: ¿Qué sucedió? Incluso te sientes víctima y dices: ¿Por qué siempre me pasa esto a mí? Finalmente acabas pensando que no tienes suerte y, de esta manera, refuerzas aún más a ese enemigo interior que tú mismo has creado y sigues alimentando fielmente, aquel que se llama *miedo*.

Cómo tratar con el miedo

Muchas de las cosas que nos inspiran temor se originan durante la infancia. El mundo está hecho para los adultos, para la gente grande física y mentalmente. Por lo tanto, hay una gran cantidad de cosas o situaciones que pueden llegar a impresionarnos y causarnos temores realmente profundos cuando se es un niño. El mejor camino para poder eliminar estos temores es ir descubriendo cuáles son y cómo funcionan.

Para esto, una vez más, es necesario que siempre estemos dispuestos a observarnos. Sólo así podremos dar con aquello que nos atemoriza. Es muy importante notar qué es lo que detona la primera sensación de temor. Cómo se inicia y, finalmente, observar cómo se desarrolla hasta llegar a dominarnos. También es importante fijarnos qué zona de nuestro cuerpo es la que se obstruye con más facilidad y qué consecuencias nos trae este bloqueo de energía.

Por ejemplo, si sientes temor al hablar en público, observa cómo se genera. Supongamos que alguien te dice que debes tomar el micrófono y expresar tu opinión sobre un tópico cuando llegue tu turno. Mientras los otros hablan antes que tú, ¿tu mente está concentrada en lo que ellos están hablando o no puedes concentrarte en ellos porque empieza a surgir en ti una terrible sensación de temor por el hecho de saber que el próximo en hablar serás tú? En caso de que así sea, trata de ser un observador de tu propia persona y así empezar a crear conciencia de lo que sucede en tu mente y cómo se origina el temor.

Para lograr ser más conscientes del temor y así empezar un trabajo que nos ayude a superarlo, recomiendo lo siguiente:

- Enfréntate a tus temores
- Recuerda lo mejor de tu infancia
- Practica ejercicios sonoros

Enfréntate a tus temores

Una vez que tomas conciencia de las cosas o situaciones que te crean temor, entonces debe haber una disposición de tu parte para enfrentarte a él.

Ya he mencionado que el miedo actúa como un inhibidor de la energía, así que podemos imaginarlo como una presa de agua. Una presa está hecha, normalmente, por un gran muro de concreto con compuertas que, al abrirse, permiten el paso del agua y, al cerrarse, son totalmente herméticas. Pues bien, en el caso del miedo se forma esta gran barrera y no deja que la energía fluya, obstruyendo en determinadas partes del cuerpo los canales de energía. Las presas se hacen, por lo general, en puntos donde se estrechan, en forma natural, las montañas o porciones de tierra que forman el contorno de los lagos o ríos.

Por eso en el cuerpo humano el temor tiende a inhibir la energía en el área del cuello, pues esa zona estrecha es un conducto que, al ser obstruido, evita la comunicación entre la razón que viene del cerebro y las emociones que surgen del corazón.

Así como una presa detiene la corriente de agua, la energía (en el cuerpo siempre está en movimiento) es detenida en algún punto; al ocurrir eso ejerce una presión constante para continuar su trayecto. Por lo tanto, en el momento en que hay un bloqueo, en consecuencia habrá una fuerza que está siendo refrenada.

Para enfrentar el miedo que nos ha estado dañando en nuestra vida no vamos a tratar de derribar el muro de un día para otro; tampoco vamos a darnos de golpes contra él. Lo que haremos es afectar poco a poco y en distintas posturas ese gran muro de concreto, hasta que la misma presión de aquello que contiene sea lo que acabe por derribarlo.

Por lo tanto, si quisieras dañar el muro, lo que debes hacer es afectar en distintos puntos. Algunas veces con agujeros profundos, otras con choques que lo fisuren y unas más con algunos notables boquetes. Es decir, cada vez que tengas la oportunidad de enfrentarte al miedo, ¡hazlo, no desaproveches la oportunidad! Tal vez te parezca poco importante en algunas ocasiones o te sea bastante difícil enfrentarte a él, pero yo te digo que cada vez que tú venzas el miedo en cualquier cosa, estarás lesionándolo mortalmente, contribuyendo así a su caída.

Con el tiempo, y por experiencia propia, he descubierto que la naturaleza de una emoción es siempre la misma. Es decir, que el temor siempre es el mismo, sólo que con distintas caras y en distintas posturas. El temor a hablar en público, a la oscuridad, a las alturas, a los extraños, a los cambios, a las adversidades o a lo que sea es siempre el mismo, sólo que se disfraza en cada ocasión. Por lo tanto, si te enfrentas a él, en cualquier postura que tome, entonces estarás avanzando en forma integral contra la naturaleza del temor que afecta tu vida y tu personalidad.

Recuerda lo mejor de tu infancia

La mente, en cierta forma, es como una gran computadora. Es capaz de utilizar los programas que contiene, con la diferencia de que se graban y se hacen nuestros sin que nosotros estemos conscientes de ello. El medio en el que se nace determina el tipo de programas que se ha de grabar en la mente de un infante. Lo que vemos, lo que escuchamos, lo que sentimos, la forma en que lo interpretamos y la forma en que lo interpretan las personas de nuestro alrededor, lo que nos parece normal y aceptable e incluso lo que no nos gusta, pero que forma parte de nuestro entorno, también genera programas que pueden ser utilizados por nuestra mente.

Como en el caso del huevo y la gallina, no es fácil distinguir qué fue primero, si un programa o una vivencia. El hecho es que siempre que utilicemos un programa, nos conducirá a una vivencia. Los resultados que obtengamos dependerán, en cierta forma, del tipo de programa que utilicemos. Hay programas que siempre nos conducirán al sufrimiento y otros hacia cosas positivas en nuestra personalidad y estado anímico.

Si quisiéramos analizar nuestros programas, tal vez lo recomendable sería recurrir a la psicología Gestalt. Sin embargo, yo considero que entre más se sumerja uno en las experiencias dolorosas de la vida, más reforzaremos los programas que nos conducen al sufrimiento. Por esta razón, te propongo practicar una técnica que sólo nos hará recordar los momentos agradables de la infancia, de tal forma que esto reavivará nuestros programas positivos. Así, de una manera sencilla, descubriremos que, entre más se refuerza la memoria de un programa positivo, más buenas experiencias y cambios a favor llegarán a nuestra vida. Digamos que con este ejercicio lograremos ser personas motivadas hacia lo positivo.

El ejercicio es el siguiente: una vez al día, durante cinco minutos, debes recordar buenas vivencias de tu infancia. Recuerda algo que te dio satisfacción de los siete años para abajo: risa, felicidad; cualquier cosa o situación que te hizo sentir bien. Lo más importante es revivir el momento con detalle, tratando de disfrutar la experiencia tanto como aquella vez. Esfuérzate en recordar lo bueno. Si surge un pensamiento negativo, no lo analices y sigue con la experiencia positiva.

Si tienes muchos buenos recuerdos, está bien, pero si sólo consigues recordar uno, no importa. Repite la vivencia diariamente durante cinco minutos cuantas veces sea necesario reviviendo la alegría de aquel momento.

Practica este ejercicio durante noventa días seguidos y verás los cambios positivos que se generarán en tu vida. Tal vez descubras que el temor que antes sentías va disminuyendo sólo por reactivar la memoria de tus programas positivos.

Ejercicios sonoros

A través de los ejercicios sonoros podrás experimentar la sensación de ligereza que se obtiene en un cuerpo donde la energía fluye libremente.

En algunas religiones, los cantos son utilizados con la intención de elevar el espíritu y evitar la distracción mental. Las notas puras que crean resonancia y alta vibración son utilizadas para hacer que la energía estancada sea removida. En el cristianismo encontramos la palabra *amén*, que si se repite con cierta sonoridad, puede alcanzar una alta vibración capaz de activar el movimiento energético dentro de nuestra mente y cuerpo.

En Oriente, varias tradiciones utilizan el *mantra*. Consiste en una sílaba o secuencia de sílabas que se consideran cargadas de energía. En algunas escuelas búdicas se utiliza como forma de meditación la repetición de diversos mantra; éstos se definen como un medio auxiliar que resguarda la mente.

La intención de silenciar la mente, disminuyendo el flujo de los pensamientos, ha sido el punto medular para la mística de la mayoría de las religiones.

Mientras practiques los mantra que te sugeriré, lo recomendable es escuchar con atención el sonido que emitirás y no distraerte mentalmente con el flujo de pensamientos que pasarán por tu mente. Podemos decir que este ejercicio es como practicar una oración, de tal forma que, al orar, nuestra intención siempre es la de elevar nuestro espíritu, lo cual se logra manteniendo la mente bien atenta a lo que se está haciendo. Para lograr una mayor concentración y así evitar la distracción mental, te sugiero que para cada repetición de un mantra te concentres en distintas partes de tu cuerpo, mismas que te sugeriré posteriormente.

Las sílabas deberán emitirse con una sola exhalación, aumentando su vibración al llegar a la parte media y final del mantra. Procura sincronizar tu exhalación con la duración de la repetición completa del mantra.

Para llevar a cabo el ejercicio, debes sentarte cómodamente y con la espina dorsal recta, repitiendo tres veces cada mantra en la forma en que lo he mencionado. Cada mantra corresponde a siete puntos del cuerpo que son reconocidos como chakra, y en los que te concentrarás mentalmente en forma ascendente mientras repites el mantra correspondiente.

A continuación, te muestro los siete puntos del cuerpo o chakra, con sus siete mantra correspondientes y la forma en que hay que pronunciar las sílabas de cada uno.

LUGAR	MANTRA	SONIDO
7 Coronilla	Om	"Ommm"
6 Entrecejo	A	"Aáum"
5 Garganta	Ham	"Jámm"

4 Corazón	Yam	"Yámm"
3 Plexo solar	Ram	"Rámm"
2 Abajo del ombligo	Vam	"Vámm"
1 Genitales	Lam	"Lámm"

En caso de que observes un bloqueo en una zona específica, repite siete veces el mantra en ese punto. La zona de la garganta será una de las más beneficiadas y notarás cómo se desbloquea con este ejercicio.

Después del ejercicio, siente tu cuerpo y observa tu mente. Si hay una sensación de ligereza e ingravidez es debido al efecto de la resonancia y activación energética que han provocado los mantra en ti.

Otra forma de practicar este ejercicio es mentalmente, sin necesidad de emitir sonido alguno, pero imaginando cada una de las sílabas y puntos de concentración. Siempre debes coordinar tu exhalación con la imagen mental del mantra que repites. Esto te permitirá practicar en cualquier lugar y a cualquier hora. Después, hacer una fila de espera ya no será tan aburrido, sino que lo convertirás en una ACP.

Confusión
FALTA DE CLARIDAD

La confusión, desde el punto de vista energético, es un bloqueo a la altura del entrecejo. Este bloqueo daña la capacidad de discernimiento y de adaptación a los cambios de la vida. Este punto energético es un ojo espiritual a través del cual desarrollamos las cualidades de la percepción y de la intuición. Un bloqueo en el entrecejo no sólo nos desconecta de nuestra sensibilidad espiritual, sino que también inhibe nuestra inteligencia y visión. "Este ojo espiritual está claramente reconocido en la mayoría de las religiones orientales, y en el cristianismo se le conoce como la flor de oro o lámpara del cuerpo" (Luc 11:34-36).

La confusión está relacionada con las depresiones; ese estado anímico que daña tanto al ser humano hoy en día. La confusión surge de la ignorancia, que es la falta de conocimiento de un objeto determinado. El objeto desconocido, en este caso, es uno mismo. Lo que quiero decir es que el hombre no está consciente de su integridad, pues difícilmente concibe ser algo más que su propio cuerpo y mente.

Así como el cuerpo contiene un alto porcentaje de agua y ésta no se puede percibir a simple vista, de igual forma, si pudiéramos medir el espíritu, veríamos que, en esencia, somos sólo eso: espíritu puro. Así como nadie deja de beber agua, porque sabe que esto le traerá la muerte, de igual forma debemos alimentar nuestro espíritu, porque, aunque sea inmortal, también es sano y gratificante alimentarlo para que no nos sequemos, espiritualmente hablando.

Hoy en día, vivimos una obsesión por el culto al cuerpo, lo cual puede ser positivo si se observa como principio de atención a uno mismo, pero aún parece que no hay una plena disposición a profundizar más. Así como el espacio o las profundidades del mar nos ofrecen grandes maravillas por descubrir, de igual forma la profundidad de nuestro ser puede revelarnos un universo de magníficas grandezas.

Si los seres humanos estuviéramos dispuestos a profundizar en nosotros mismos, se lograría erradicar del mundo una gran cantidad de confusión y, por ende, de sufrimiento.

Cómo tratar con la confusión

La confusión se manifiesta en personas que no son capaces de ver más allá de sus problemas y agobios mentales. Parece que viven dormidas y dejan pasar la vida sin que nada las motive.

Algunas formas de hacer que la energía vuelva a fluir por el entrecejo son las siguientes:

- Cultiva la fe
- Practica la contemplación
- Observa detenidamente un objeto

Cultiva la fe

La fe es la creencia firme que se tiene en cualquier principio, guía, aforismo, convicción o pasión que pueda dar sentido y orientación en la vida.

Para tener fe hay que creer en algo. Un hombre que pierde sus creencias, es como una hoja al viento. El principio de la confusión se da cuando uno se derrota y está dispuesto a abandonar sus creencias. Con esto no quiero decir que uno deba apegarse a las creencias que se heredaron. Por el contrario, es bueno que las creencias evolucionen, cambien, se modifiquen. Sin embargo, es bueno creer que hay algo por lo que vale la pena seguir y que nos puede guiar o que puede ser nuestra fuente de inspiración.

Tener fe en uno mismo es tan importante como tener fe en Dios, para lo cual es indispensable autodescubrirse, ya que esto renueva la fe en uno mismo y abre la conciencia, al grado de darse cuenta de que Dios no es ajeno a uno mismo. La fe en uno mismo cobra sentido cuando uno se siente integrado a esa fuerza misteriosa que alimenta a todo ser dando vida, movimiento y desarrollo, y cuando nos impulsa a seguir adelante aun en los momentos más difíciles de la vida.

Las creencias son como los gobernadores del cerebro. Una creencia comunica una orden directa al sistema nervioso; cuando uno cree que algo es verdadero, literalmente se pone en un estado tal como si lo fuese. Si se usan correctamente, las creencias pueden disponer nuestra energía para alcanzar grandes metas, de tal forma que las creencias pueden ser la fuerza más poderosa para hacer el bien en la vida; de lo contrario, aquellas creencias que ponen límites a nuestros pensamientos son el origen de las barreras de nuestras acciones. Las creencias limitantes y negativas han sido devastadoras para el desarrollo del ser humano.

El ser humano, ignorante de su grandeza espiritual, ha creído firmemente en sus limitaciones, y tal como si fuese hijo de un dios menor, se ha considerado impotente ante las desgracias de la humanidad. Bien dijo Virgilio: "Pueden porque creen que pueden".

Anthony Robbins, autor de *Poder sin límites*, comenta que la fe ayuda a ver lo que uno quiere y confiere energías que ayudan a obtenerlo. La siguiente anécdota fue extraída de esa obra, aunque es original de Norman Cousins, de su libro *Anatomía de una enfermedad*. Esta ejemplar anécdota trata del músico catalán Pau Casals.

Cousins describe cómo conoció a Casals poco antes de que éste cumpliese los noventa años, y cuenta que era casi penoso ver al anciano mientras se disponía a comenzar su jornada. Su debilidad y su artritis eran tan incapacitantes, que se vestía con ayuda de otras personas. La respiración fatigosa evidenciaba su enfisema. Arrastraba los pies al andar, inclinado, con la cabeza casi colgando. Tenía las manos hinchadas, los dedos agarrotados. Su aspecto era el de un hombre viejo y muy fatigado.

Incluso antes del desayuno se encaminaba hacia el piano, uno de los diversos instrumentos que Casals dominaba. Se acomodaba en la banqueta, no sin grandes dificultades. Y mediante un esfuerzo que parecía terrible, alzaba las manos hacia el teclado.

Pero entonces ocurrió algo casi milagroso. Ante los ojos de Cousins, Casals experimentó una transformación repentina y completa. Entraba en un estado de posesión de sus recursos, y al mismo tiempo su fisiología cambiaba a tal punto, que empezó a moverse y a tocar, produciendo sobre el piano y sobre sí mismo resultados tales que únicamente se hubieran creído posibles en un pianista joven, vigoroso y flexible. Como dice Cousins: Los dedos fueron perdiendo su agarrotamiento y se tendieron hacia las teclas como los pétalos de una flor se vuelven hacia el Sol. Su espalda se enderezó. Se hubiera dicho que respiraba con más desahogo. La sola intención de ponerse al piano cambiaba por completo su estado y, por ende, sus recursos físicos. Casals empezó con el *Clave bien temperado* de Bach, que interpretó con gran sensibilidad y dominio. Luego abordó un concierto de Brahms y sus dedos parecían volar sobre el teclado. Todo su organismo se fundía en la música —escribió Cousins—. Dejó de estar anquilosado y agarrotado para moverse con gracia y suavidad, totalmente libre de su rigidez artrítica. Cuando dejó el piano parecía otra persona totalmente distinta de la que se había sentado a tocar. Estaba más erguido, más alto, y anduvo sin arrastrar los pies. Inmediatamente se dirigió a la mesa del desayuno, comió con buen apetito y salió a dar un paseo por la playa.

Esta anécdota es una clara muestra de que cuando uno tiene fe en lo que hace, y si lo que se hace tiene sentido y valor verdadero, entonces se pueden lograr resultados de máxima perfección, ya que todos los recursos internos con los que uno cuenta se alinean perfectamente en total armonía para ser utilizados con un solo fin: la expresión de la belleza, de lo perfecto, del Ser.

John Stuart Mill escribió: "La persona que tiene fe posee más fuerza que otras noventa y nueve que sólo tengan interés". Intereses son lo que sobra hoy en día en el mundo, hay que poner más corazón a lo que hacemos, para que la fe nos acompañe en cada jornada. Cultivemos la fe y miremos al interior en nosotros mismos, tal vez esto nos ayude a descubrir que todos los recursos que requerimos para alcanzar una meta están esperando dentro nuestro para ser utilizados.

La fe en uno mismo se fortalece en tanto más nos conocemos. La fe en algo o en alguien se refuerza por medio del conocimiento de aquello que se observa con atención.

Creamos en nosotros mismos con firmeza, y recordemos que alguien dijo que somos imagen y semejanza de Dios. Luego naveguemos por la vida con valor, sabiendo que todo aquello que sea bueno para nuestro desarrollo, será posible de alcanzar. Y no olvidemos la magnífica sentencia del novelista ruso Anton Chejov: "El hombre es lo que cree".

Practica la contemplación

La acción de contemplar, sin ánimo de intervención, dignifica el alma. Desde muy pequeño aprendí el arte de la contemplación. Me lo transmitió mi padre, quien, todos los domingos en la casa de campo, me enseñaba a observar atenta y pasivamente todo lo que sucedía a mi alrededor. Practicar la contemplación es un gran disfrute. Qué sensación de paz y de libertad cuando observa uno sin intervenir en nada, sin objeto alguno, sólo la contemplación.

Para iniciarte en la contemplación, ve a un lugar que te permita el contacto con la naturaleza y, en silencio, camina o siéntate en un lugar tranquilo, y sólo observa el movimiento de la vida a tu alrededor. La contemplación no sólo es visual, es absoluta. Escucha, siente, observa, capta los aromas, disfruta y deja que todos tus sentidos se alerten. La contemplación es una meditación receptiva que te conecta con la vida y te da paz y serenidad mental. Si practicas la contemplación con frecuencia, descubrirás que tiene el poder de generar una sensación de paz que transmite al cerebro la idea de que todo lo que sucede está bien. Será el principio de una clara descongestión energética a la altura del entrecejo, lo cual se traducirá en una actitud de reconciliación con la vida y de visión ante la adversidad.

La contemplación nos hace menos ignorantes y más poseedores de nuestros propios recursos. Aquél que cultive la contemplación y sea capaz de estar atento a su alrededor, está listo para profundizar en sí mismo. La contemplación es aún más efectiva cuando uno mismo forma parte de lo contemplado, tal como si tu cuerpo fuera un objeto más en tu campo de visión. La contemplación de uno mismo y de aquello que se mueve en nuestro interior te hará descubrir todos tus recursos internos y, con esto, un mundo de posibilidades para realizarte en la vida.

Con el paso del tiempo, notarás que tu capacidad de contemplación se desarrolla tanto que, de forma natural, empiezas a practicarla en todo momento. Por lo tanto, ya no es necesario huir de la ciudad para practicarla mientras estés atento al movimiento de la vida a tu alrededor. Todo es objeto de contemplación. Así descubrirás la gran fuerza misteriosa que mueve al universo entero.

Date la oportunidad de iniciar hoy mismo la práctica de la contemplación.

Observa detenidamente un objeto

Fijar la atención en un punto determinado, ya sea de tu propio cuerpo o un objeto externo, es una práctica que ayudará a silenciar tu mente. Si se desea desbloquear la energía del entrecejo, es aconsejable llevar a cabo prácticas que incluyan la visión. Por eso te sugiero la meditación con los ojos abiertos, centrando toda la atención en un solo objeto.

En Oriente hay elementos específicos para llevar a cabo este tipo de meditación: los *mandala* o *yantra*; son considerados símbolos de fuerzas cósmicas que se utilizan como medios auxiliares para la meditación.

Una adaptación para las tradiciones de occidente podría ser el meditar fijando la atención en un punto determinado de una imagen religiosa. Por ejemplo, se puede tomar alguna imagen de Jesús y centrar la atención, con los ojos abiertos, en su corazón.

En caso de que no se desee involucrar ningún tipo de credo, lo adecuado sería tomar cualquier objeto pequeño, y centrar la atención en él.

A continuación, siéntate de manera totalmente recta y coloca dicho objeto en el suelo, unos ochenta centímetros delante de ti. Es importante que el objeto no quede muy lejos ya que la intención es reducir el campo de visión para evitar las distracciones. Luego, entrelaza tus manos y deja tus brazos bien sueltos, permite que tu cuerpo se relaje y entre poco a poco en un estado de quietud. Concéntrate por unos instantes en tu respiración. Esto te ayudará a tranquilizar la mente. Una vez que te sientas sereno y mentalmente tranquilo, centra la atención de tu mirada en el objeto que previamente colocaste frente a ti. Aunque el objeto sea una imagen religiosa, procura no emitir ninguna oración, ya que lo único que se sugiere es observar y así permitir que la mente reduzca su ritmo de flujo de pensamientos. Mientras fijas tu mirada en el objeto, observa mentalmente lo que sucede en tu interior. Nota cómo surgen una serie de pensamientos; no te apegues a ellos, déjalos que, como nubes en el cielo, aparezcan y se desvanezcan solos.

Mantén el mayor tiempo posible tus ojos abiertos, sin desviar la mirada y tratando de parpadear lo menos posible (si esto te causa tensión, cierra los ojos por unos instantes y sigue observando mentalmente el objeto, luego vuelve a abrirlos y nuevamente mantenlos abiertos el mayor tiempo posible). Mientras llevas a cabo este ejercicio, tu cuerpo debe estar sereno y en la misma posición (si te es muy difícil mantenerte sin moverte, de vez en cuando puedes modificar tu posición permaneciendo siempre recto y sin perder la atención del objeto).

La meditación no debe tener una intención u objetivo determinado. La meditación debe considerarse como la oportunidad de vivir una experiencia que, por sí sola, revelará su misterio y sus beneficios. Por lo tanto, durante este ejercicio, evita el análisis de tus pensamientos, no veas el momento como la oportunidad de pensar en lo bueno y malo de tu vida y no esperes llegar a algo.

Al meditar lo único que harás es centrar la atención en el objeto elegido y, al mismo tiempo, observarás en forma pasiva y desapegada el flujo de pensamientos que corren por tu mente. Debes estar alerta de cualquier cambio en tu mente y observa, sólo observa.

CULPA
SENTIMIENTO QUE INDICA
UNA FALTA GRAVE

La conciencia es el sentimiento interior por el cual apreciamos nuestras acciones y es el canal que nos conecta con nuestra esencia, con nuestra parte espiritual. La conciencia en un estado de plenitud confiere orden y forma a lo que se está creando. La conciencia es el principio ordenador del universo. Sin embargo, este principio se ve afectado en el ser humano cuando sus creencias son demasiado rígidas y esto frena el desarrollo del propio individuo.

El sentimiento de culpa desordena nuestra conciencia, lo cual, en términos energéticos, representa un bloqueo en la mente. Este bloqueo físicamente se ubica en la cabeza y, principalmente, en la coronilla. El sentimiento de culpa nos señala una falta grave. Mantener la sensación de culpa es alimentar una energía capaz de dañar la integridad física y moral del ser humano.

No hay cosa más desgastante que estar en conflicto con uno mismo. Cuando lucha uno contra otra persona o asunto, ése o eso recibe el choque de nuestra energía. Cuando la lucha es interna, nuestro propio organismo es el que recibe los golpes de nuestro sentimiento de culpa. No hay peor juez que uno consigo mismo: cuanto más rígidas son nuestras creencias, tanto más duro hemos de juzgarnos.

El sentimiento de culpa está regido por nuestro sistema de creencias. Nuestras creencias son el resultado de muchas condicionantes indirectas: el lugar donde nacemos, el sexo, la familia, situación socioeconómica, costumbres, religión.

Todo esto y más constituye una serie de creencias que llega a formar parte de uno, tanto como si fuera algo insustituible e inmutable.

Hay quien está muy satisfecho con su sistema de creencias; sin embargo, muchas personas se limitan en su creatividad y desarrollo por las creencias que han heredado. Hay que tomar en cuenta que hoy en día, los paradigmas del pasado están siendo cuestionados y que cada vez más el ser humano siente la necesidad de trascendencia que, en muchas ocasiones, choca con los paradigmas heredados. Cuando alguien está dispuesto a ir más allá de sus propias creencias, cuando empieza a modificar sus paradigmas, siempre será señalado por su propio grupo. Esto puede generar una sensación de culpa o error, lo cual puede crearle inestabilidad en su propia conciencia.

Cómo tratar con la culpa

La culpabilidad es opresión, lo cual es contrario a la libertad y a la realización mental y espiritual del ser humano. La sensación de culpa nos hace sentir indignos ante nuestro creador. Cualquiera que sea el credo que se profese, si te hace sentir indigno ante Dios, debes de empezar a cuestionar sus paradigmas.

No hay nada que haga sentir peor a nuestro espíritu que la sensación de culpa. La confesión de los pecados se considera una forma de descargar este peso y, a base de penitencias y trabajos determinados, volver a lograr la purificación del alma. Sin embargo, es necesario que algunas religiones permitan que el ser humano amplíe su campo de acción, de tal forma que pueda considerarse fiel a sus creencias religiosas pero sin que limite su propio desarrollo.

La sensación de culpa puede eliminarse si practicas lo siguiente:

- PERMÍTETE CAMBIAR
- PRACTICA LA TRANSMUTACIÓN SEXUAL
- VIVE EN EL MOMENTO PRESENTE

Permítete cambiar

> *El hombre que no cambia se parece al agua estancada: su mente cría sabandijas.*
> William Blake

El cambio es movimiento, el movimiento es acción. El movimiento es la esencia de la vida. Todo el universo contiene acción. Lo que vemos, lo que imaginamos y somos está en constante movimiento.

Un ser humano que crece sin ser consciente de los cambios que hay en su vida y a su alrededor, es un ser que ha desperdiciado la oportunidad de aprender y disfrutar de la vida. Creo que, por más que uno se resista a cambiar, la vida misma lo empuja a uno para que de generación en generación se aporte algo nuevo y mejor.

En lo personal, creo que la humanidad ha avanzado en cuanto a conciencia se refiere. Es verdad que son muchos los atrasos que vemos todos los días. A veces, parece que nuestra humanidad retrocediera. Sin embargo, yo considero que a cada generación se le exige según lo que ha recibido y, si revisamos la historia, veremos que casi todas las generaciones han aportado algo que ha beneficiado el desarrollo de la conciencia de la humanidad. Sin embargo, a nuestra generación se le ha dado mucho y, por eso, nuestro compromiso con el desarrollo de la humanidad es mayor que el que tuvieron generaciones anteriores.

Existe una ley natural que es la siguiente: "Tanto tomas de la vida; tanto tendrás que regresar". Nuestra sociedad se ha visto beneficiada por un alto desarrollo de tecnología; esta tecnología ha llegado a nuestros hogares, a nuestro trabajo, a los centros de salud, al deporte, al ocio, a la diversión. La humanidad ha tomado todo. Sin embargo, todos estos beneficios empiezan a pedir, a cambio, una respuesta.

La conciencia sí está avanzando y pretende igualarse con el nivel que corresponde a la tecnología que hoy utilizamos. Las leyes naturales están ejerciendo una fuerte presión sobre toda la humanidad. Una consecuencia son los sucesos conflictivos que han tomado lugar en nuestra época, una especie de purga de esa misma conciencia global. Lo peor y lo mejor de la sociedad debe exponerse. Todo debe conocerse para que, de una manera consciente, el ser humano empiece a elegir el rumbo de esta humanidad. En otras palabras, en esta época no hay espacio para los lobos vestidos con piel de oveja. Los sistemas políticos, socioeconómicos, religiosos, las costumbres y creencias deben aflorar para ser observadas y analizadas, de tal forma que o se perfeccionan o la misma sociedad las eliminará.

Es verdad que estos procesos de cambio en la humanidad, por lo que hemos observado en la historia, suelen ser lentos y progresivos Sin embargo, creo que, con la misma velocidad que hemos recibido la tecnología en nuestra época, de igual forma se están gestando cambios muy fuertes y acelerados, los cuales en poco tiempo modificarán los paradigmas que hoy rigen nuestra humanidad.

En esta época no debe uno resistirse al cambio; por el contrario, uno mismo debe someter sus propias creencias a la indagación, al análisis. Ya no basta una sociedad de hombres religiosos, hoy es necesario contar con seres espirituales; ya no basta una sociedad de hombres buenos, hoy es necesario contar con hombres comprometidos y atentos al presente.

Contrario a lo que muchas profecías dicen, yo creo que esta humanidad no se acabará. El ser humano sabrá descartar los modelos que amenacen su supervivencia y, finalmente, seguirá avanzando hacia una humanidad más integrada y armónica donde reconocerá su propia conciencia y avistará la conciencia de unidad.

Practica la transmutación sexual

Desde el punto de vista energético, la coronilla es la puerta de entrada y salida de nuestro sistema energético central. Según el hinduismo, la energía corre a través de un canal llamado *susumna*, el cual va desde el extremo inferior de la columna vertebral hasta el encéfalo.

La energía que debe correr libremente a través de este canal es afectada cuando la persona se siente indigna o culpable. La relación que debe existir entre el Ser supremo y el ser humano se deteriora cuando cerramos la coronilla, ya que hemos cerrado la puerta por donde recibimos la energía que puede mantenernos vivos, espiritualmente hablando.

Lo mejor del ser humano se desarrolla cuando su canal energético está bien despejado y libre de bloqueos. La inteligencia, la percepción, la fe, la caridad, el amor, la espiritualidad, la paz interior, son el reflejo de una persona que permite el flujo de energía en su cuerpo y mente, de tal forma que por la coronilla recibe la fuerza del espíritu, la cual, a su vez, circula por todo su cuerpo. También fluye otra fuerza energética que asciende desde los genitales hasta la coronilla y desciende en forma inversa.

Una de las formas más efectivas para despejar el canal central de todo bloqueo es por medio de la ascensión de la energía sexual. Esta energía está concentrada en los genitales. Dicha energía es el origen de la vida y es la mayor fuerza que tiene el ser humano. Es también la fuerza que más nos puede asemejar a nuestro padre Dios. Al utilizarla con fines de reproducción, logramos ser creadores de la vida. En cierto sentido, somos como dioses actuando en favor de la supervivencia de la raza humana.

Esta gran fuerza creadora, generadora de vida y perfección, puede ser utilizada no sólo para la reproducción, sino también para el desarrollo espiritual del ser humano.

Existe una práctica que proviene del *tantra* hindú, conocida como *transmutación sexual*. Esta práctica hace ascender la energía que se concentra en los genitales hasta la coronilla. Es una práctica que durante generaciones permaneció oculta y sólo se reservaba para quienes estaban capacitados para utilizarla correctamente. Los secretos del tantra han sido revelados para que tengamos más herramientas que nos permitan despertar la conciencia espiritual.

En lo personal, recomiendo que esta técnica se utilice sólo si el practicante está trabajando con constancia y dedicación en el despertar de su conciencia, así como en su desarrollo físico y energético. Las prácticas que pueden acompañar y potencializar la transmutación sexual son, entre otras: la oración del corazón, la meditación, los distintos tipos de yoga, el *tai chi*, las prácticas de atención budistas, las respiraciones (*pranayama*).

La práctica de la transmutación sexual que a continuación describo, fue tomada del texto *El yoga de la energía. El yoga de la atención*, de J.A. Ramón. Consiste en lo siguiente:

1. Siéntate con las piernas cruzadas y la espina dorsal recta. Como en posición de meditación.
2. Dedica unos instantes al recogimiento. Observa tu respiración, relájate sin perder la posición de tu espina dorsal recta.
3. Centra la atención en tus genitales. Ahora contrae el ano. La contracción bien echa, te hace sentir que el ano, los testículos y el pene se contraen hacia arriba. Si eres mujer, sentirás cómo el ano y la vagina se desplazan suavemente hacia arriba. Al momento de la contracción, debes inhalar lentamente por la nariz. Mientras inhalas y contraes el ano, imagina que la energía que se encuentra en tus genitales sube por la espina dorsal hasta la cabeza.

Este recorrido durará solo unos cuantos segundos, para luego volver a relajar la zona anal.

4. Al relajar el ano, se exhala lentamente por la nariz y se continúa imaginando que la energía baja desde la coronilla, pasando por tu rostro. Debes mantener la lengua pegada al paladar para que la energía lo utilice como un puente y continúe descendiendo por tu garganta hacia el pecho, el abdomen y finalmente de regreso a los genitales.

5. Este recorrido debe repetirse unas siete veces, contrayendo el ano al tiempo que inhalas e imaginas cómo asciende la energía. Y, una vez más relajando el ano al unísono imaginas el descenso de la energía y sueltas lentamente el aliento por la nariz.

Te recomiendo que imagines la energía como el agua de una fuente, la cual es impulsada con fuerza hacia arriba y luego cae por su propio peso.

Una vez que hayas terminado el ejercicio, siente cómo la energía te ha revitalizado. Ahora permite que se expanda libremente por todo tu cuerpo. Por unos instantes imagina tu cuerpo lleno de luz emitiendo una brillantez semejante al sol.

Vive en el presente

Los enemigos del presente son el recuerdo y el deseo. Uno nos ata al pasado; el otro, al futuro.

Es evidente que físicamente no podemos vivir en el pasado, ni en el futuro. Sin embargo, mentalmente, la mayoría de la gente no está viviendo en el momento presente.

La falta de atención al momento presente hace que el individuo viva como en automático, sin estar consciente de sus actos, de sus pensamientos, de sus movimientos, etcétera. Parece que fuera manejado por un control automático que lo conduce por su diaria rutina sin exigirle que vaya despierto y atento a su propia realidad.

La conciencia natural del ser humano es como la de un niño. El niño siempre vive en el presente. No hay temor con respecto a lo que pueda traer el mañana, porque no piensa en él. No hay sufrimiento causado por la añoranza, porque el niño no vive de sus recuerdos. Su memoria es poco activa y aunque hace uso de ella, parece ser un factor secundario. El niño vive bien atento al presente, sorprendido por todo lo que descubre y celebrando la fiesta de la vida. El niño llora cuando hay que llorar, ríe cuando hay que reír, no está condicionado ni supervisado, y mucho menos es ajeno a su entorno.

La memoria juega un papel importante en la supervivencia y desarrollo de la humanidad, por lo tanto no se puede pretender eliminarla y tampoco juzgarla. Por otra parte, las ilusiones, los deseos, han hecho que el hombre haya realizado grandes hazañas que, si no las hubiera imaginado, no las habría alcanzado.

No estoy de acuerdo con desapegarse de los deseos y de los recuerdos, porque entonces el alma de esta humanidad se secaría y quedaría estéril como la tierra seca. Sin embargo estoy seguro que el gran error del ser humano ha sido el desconectarse de su momento presente por vivir soñando y añorando, lo cual también nos ha traído una gran sequía espiritual.

Es importante dar a cada cosa su momento. Pensar en el futuro, planear y luego volver al presente. Recordar para tomar lo mejor de nuestras experiencias, saber capitalizar los momentos difíciles de la vida y seguir adelante; porque la vida sigue y algún día habrá de terminar y no sea que la hayamos pasado como dormidos, viviendo en automático. Hacer uso de nuestra inteligencia y permanecer en el momento presente corresponde a una mente madura, una mente clara que responde a un ser consciente de su existencia.

El que mucho piensa en el mañana sólo está oscureciendo su presente. Apártate del temor y de la duda y vive en el presente, que ahí descubrirás más oportunidades y lograrás conectarte con las leyes naturales en las cuales el ser humano fluye en armonía con su propio ser y con su entorno.

El pasado es lo muerto, el futuro no existe. Siempre será mejor vivir en el presente, porque es lo real. Es mejor enfrentarse a la realidad por dura que sea, que a los monstruos que se crean en la mente.

En la Biblia, se cita el siguiente comentario de Jesús: "Total, que no os agobies por el mañana, porque el mañana traerá su propio agobio. A cada día le bastan sus disgustos".

¡Qué sencillo se escucha vivir el momento con atención! Sin embargo somos prisioneros de la mente. Si no lo crees así, intenta, mientras llevas a cabo tu rutina diaria, pensar únicamente en lo que haces, observar tus acciones, el desplazamiento de tu cuerpo y tu entorno sin permitir que en tu mente surjan pensamientos ajenos a ese momento. Verás que la mente salta de un pensamiento a otro y que, sin darnos cuenta, nos desconecta de lo que hacemos y del momento presente.

Te preguntarás cuál es el sentido práctico de estar atento al presente. La respuesta podría ser tan extensa que arrojaría una obra como la Biblia o como los Vedas, pero la idea de esta obra es tan sólo despertar tu curiosidad por el potencial que hay dentro de ti.

Cuando un ser humano logra mantener su mente bien atenta al presente, alcanza un grado de concentración y dominio sobre lo que hace; en ese momento emplea al máximo todos sus recursos. La inteligencia, la intuición, la destreza, la suma total de la energía de un ser humano se potencializa cuando éste es absorbido por su atención al presente. Ahí donde podemos apreciar una gran obra, ahí ha quedado la huella de una mente despierta, una mente alerta al presente.

En el libro *La enseñanza oculta de Jesús*, de Ramiro A. Calle, se dice que Buda comentó lo siguiente: "El que permanece en vida (atento) es como una casa bien techada. Aunque llegue la lluvia, el granizo, la nieve, no podrán penetrarla. Pero el que no está atento es como una casa mal techada, cuando llegan la lluvia, el granizo y la nieve entran en ella y la inundan".

Los hombres que desarrollan su atención al presente con frecuencia destacan sobre el promedio normal del resto de los demás en cuanto a su inteligencia, creatividad y espiritualidad. Estas personas reflejan paz interior y, por lo general, han sido siempre comunes y sencillas, con una sola diferencia: cuando realizan su trabajo, su mente está al cien por ciento en el presente, concentrada totalmente en lo que hacen. Muchos artistas, científicos, músicos, atletas, arquitectos, diseñadores y pensadores logran en ciertos momentos alcanzar este estado de atención cuando están realizando sus obras. Sin embargo, una vez que vuelven a su vida normal, fuera de lo que les gusta hacer, vuelven a caer en esa especie de sueño que la mente genera y pierden la atención al momento presente.

Ahí donde la genialidad brilla, una mente despierta ha estado presente. Qué sería de la humanidad si todos los seres humanos decidiéramos despertar estando alertas al presente.

Quienes han experimentado el estado de atención total al presente, se enamoran de él, ya que surge una clara identificación de todo su ser con ese momento, con ese estado.

La mística de la mayoría de las religiones hace referencia a vivir conscientes, a estar despiertos, a permanecer en vela, atentos al momento presente, a no ser como muertos.

¿Acaso Jesús se refería a aquellos que no están atentos al presente como los muertos cuando dijo "sígueme y deja que los muertos entierren a sus muertos"?

Tal vez, el estado de atención al momento presente tiene un misterio reservado para la humanidad y aquellos que no lo viven se encuentran como muertos espiritualmente hablando. Quizá, a través de ese estado, podamos intuir las respuestas de preguntas trascendentales para la existencia del hombre: ¿Existe Dios? ¿Quién es Él? ¿Cómo se manifiesta?

Una de las prácticas que puede despertar la conciencia al momento presente es de origen budista y se conoce como Los Cuatro Asentamientos de la Atención (Satipathana). Esta práctica, que encontrarás a continuación, consiste en centrar la atención, sucesivamente, en el cuerpo, las sensaciones, los estados mentales y los objetos mentales.

La práctica que a continuación describo, fue tomada del libro *El yoga de la energía. El yoga de la atención*, de J.A. Ramón C.:

1. La atención al cuerpo

Siéntate en posición de meditación, con la espina dorsal recta. Inclina ligeramente la cabeza hacia adelante. Relaja los brazos y entrelaza tus manos o déjalas apoyadas sobre tus piernas. Mantén tu lengua pegada al paladar y respira lenta y normalmente por la nariz.

Una vez que te sientas relajado, cierra tus párpados y centra tu atención entre tu nariz y el labio superior. Ahí mantén tu atención, sintiendo cómo entra y sale el aire por la nariz. Ahora empieza a contar tus respiraciones, tomando en cuenta una inhalación y exhalación como el número uno, continúa contando hasta diez y vuelve a empezar. El conteo debe ser mental y procurando no perder la cuenta. En caso de perderla, debes empezar desde uno. Realiza esta práctica durante unos cinco minutos aproximadamente.

Con este ejercicio lograrás la concentración gradual de la mente, disminuyendo poco a poco el flujo de pensamientos que contiene. Los pensamientos que surgen en tu mente no afectan en nada tu práctica, a menos que centres tu atención en ellos y pierdas la concentración en el conteo de tu respiración.

Si no te sientes cómodo con la idea de meditar, también puedes practicar la atención al cuerpo mientras realizas tu rutina diaria. Esto se logra al poner atención a los movimientos del cuerpo. Descubre lo fascinante que es observar tu propio cuerpo y tomar conciencia de cada movimiento que realizas.

Uno debe mantenerse completamente alerta al caminar, al estar de pie, al acto de sentarse, al estar sentado, al acto de recostarse, a la posición de estar recostado. Poner atención a los movimientos mientras se realiza cualquier actividad.

La intención es desautomatizarse, lograr tomar conciencia de que nuestro cuerpo se mueve, observando las posturas que toma desde que se inicia el movimiento hasta que alcanza el reposo. Como si nuestro cuerpo fuera un objeto aparte de nosotros.

Si este ejercicio te parece interesante y deseas ampliarlo un poco más, puedes empezar a observar cada actividad que realizas. Al comer, al bostezar, al hablar, al guardar silencio, al correr, al escribir, etcétera. Observa cómo ejecutas cada acto sin juzgar y sin pretender nada más que ser un observador de tus propios movimientos y actividades, como quien observa un objeto en movimiento.

2. La atención a las sensaciones

La atención a las sensaciones se divide en dos: las sensaciones externas y las internas. Las externas son, por ejemplo, la luz, los sonidos, los aromas, los sabores y otras sensaciones que se producen sobre la superficie del cuerpo: el calor, el frío, la sudoración, la punción, el ardor, la comezón.

Las sensaciones internas son todas las que se producen dentro del cuerpo, por ejemplo: dolor, placer, cosquillas, deseo de orinar, de tener sexo, ganas de reír, de llorar, la sensación de hambre, de plétora (cuando se ha comido mucho).

Debes detectar con precisión cuando una sensación interna o externa surge, cómo se mantiene y cuándo termina. Mantén en todo momento la atención lúcida y sostenida a las sensaciones.

3. La atención a los estados mentales

Los estados mentales deben observarse sin apasionamiento, con absoluta pasividad, como si se tratara de una tercera persona. Todas las emociones que he mencionado a lo largo del libro deben ser observadas con extrema atención. La sensación de culpa, el miedo, el enojo, la envidia, el odio, la frustración, el rencor, el aburrimiento, la desidia, la inseguridad, los celos, la duda, la avaricia, el afecto. Todas estas emociones forman parte de los estados mentales y deben observarse en el momento en que nacen, el tiempo que permanecen y cómo se van desvaneciendo hasta desaparecer de nuestro interior.

Con este ejercicio reforzarás la atención al momento presente y descubrirás cómo uno no es las emociones, sino más bien las emociones son algo ajeno a ti, y que como huéspedes, se alojan en tu interior y tarde o temprano se marchan si no te apegas a ellas.

Si te encuentras observando tu cuerpo y tus sensaciones y, de repente, notas que surge una emoción, en ese momento te recomiendo que te concentres en observar al cien por ciento la emoción, aunque tengas que retirar un poco tu atención de lo demás. Cuando la emoción haya terminado, vuelve a fijar tu observación total en el cuerpo y en las sensaciones.

4. La atención a los objetos mentales

Los pensamientos son los objetos que fluyen por nuestra mente, aparecen y desaparecen ocupándonos constantemente. La atención a los pensamientos debe practicarse en todo momento, ya sea en meditación o durante nuestra rutina diaria.

Los pensamientos suelen mezclarse con las emociones e, incluso, con las sensaciones. Los pensamientos surgen por cualquier motivo y echan mano de cualquier recurso para tomar nuestra mente. Uno debe permanecer atento a la forma en que nacen, a su permanencia y a su desvanecimiento, así como al surguimiento de más pensamientos. La idea es observar el flujo constante en forma desapasionada y tratando de no relacionarse con ellos. Permanecer atento a los pensamientos, observándolos sin apegarse a ellos, es conocido como "purgar la mente". Éste es un principio para vaciar la mente y para estar atento al momento presente.

Conclusión

Hemos heredado y seguimos propiciando constantemente a una sociedad que nos enseña a huir de la realidad. No sólo nos aparta de ella con infinidad de atracciones y distracciones, sino que también nos roba nuestra propia identidad y la posibilidad de conocernos a nosotros mismos. En un trueque totalmente injusto, nos dejamos convencer y entregamos nuestra capacidad de estar conscientes, de estar despiertos a la realidad que vivimos, recibiendo a cambio una serie de información que, por lo general, carece de fondo y sentido, la cual aceptamos sin cuestionarnos absolutamente nada.

Todo esto retrasa nuestro desarrollo y evita que los seres humanos en forma individual alcancen una realización propia. Por esta razón: ya es hora de que el ser humano tome las riendas del desarrollo de su propia conciencia y de la humanidad a la que todos pertenecemos.

En una sociedad así, es necesario darse la oportunidad de ser más selectivos en cuanto a lo que aceptamos e incorporamos a nuestra vida. Así como este libro, hay mucho otros trabajos que están al alcance de toda persona que se interese en el despertar de su conciencia y, por ende, en el comienzo de su propio viaje interior, el cual, hasta que no estemos dispuestos a iniciar, no podremos dar el salto de una conciencia adormilada a una lucidez física, mental y espiritual.

Esta obra ayudará al buen manejo de la energía, con lo cual se pueden eliminar bloqueos que causan desequilibrios físicos y emocionales. Sin embargo, es tan sólo una introducción al tema del despertar de la conciencia. No por esto he dejado de sugerir aquello que yo considero la herramienta básica para abrir la conciencia del ser humano: la atención ininterrumpida al momento presente.

Constantemente, en el texto, hago un llamado a desarrollar la atención. Los ejercicios físicos, mentales y energéticos que he propuesto, pretenden encaminar al lector hacia el desarrollo de la atención constante. Esta propuesta del despertar de la conciencia por medio de la atención es motivada debido a que, por propia experiencia, sé que tiene la capacidad de generar cambios positivos en lo físico, mental y emocional de la naturaleza del ser humano. Además considero que es un punto de confluencia de la mística de las distintas religiones que existen en el mundo. Así, la atención constante al momento presente, a uno mismo, a la existencia en sí, no se opone a ningún credo, por el contrario, creo que tiene la misteriosa capacidad de despertar el interés por descubrir la esencia de uno mismo y la presencia de Dios en nuestras vidas.

Así hago un llamado a la persona que se ha tomado el tiempo para leer esta obra, y le pido que se atreva a internarse en sí misma. Que tome la técnica que más le guste y que empiece a tratar sus emociones, y a autoobservarse con la intención de dar inicio a la gran aventura que supone el descubrirse a uno mismo. Una aventura que tal vez puede revelarnos la razón de nuestra existencia y que, si no estamos dispuestos a iniciar, entonces permaneceremos sin entender lo siguiente: ¿Quiénes somos?, ¿qué hacemos aquí?, y ¿hacia dónde vamos?

Quiero agradecer a la Dra. Norma Segovia, quien me ayudó a hacer de este trabajo un texto bien presentado.

Si deseas enviarme tus comentarios, hazlo a la dirección siguiente: tgteruel@yahoo.com

Inteligencia emocional para todos, de Antón Teruel,
fue impreso y terminado en octubre de 2009,
en Encuadernaciones Maguntis, Iztapalapa,
México, D. F. Teléfono: 5640 9062.

Rosetta Forner

PNL
para todos
Prólogo de Robert Dilts

Quarzo

En *PNL para todos*, Rosetta Forner nos dice cómo usar la poderosa metodología de cambio que es la PNL para crear una vida feliz, saludable y satisfactoria. A lo largo del libro, la autora ofrece métodos y principios claros con los cuales mejorar su vida y evolucionar (crecer personalmente). Los lectores aprenderán formas prácticas y simples para comunicarse mejor, resolver problemas y responder de forma más creativa y flexible.

PNL para todos captura y aplica muchas de las más importantes contribuciones de la PNL, tales como usar y expandir nuestros sentidos, reconocer el poder y la magia del lenguaje, cambiar posiciones perceptuales, responder a las intenciones positivas, añadir niveles de percepción, potenciar la creatividad, descubrir el genio que llevamos dentro —despertar nuestra genialidad—, y trabajar con nuestras creencias —cambiándolas, redefiniéndolas.